Ulrike Kunze-Langenfeld

Psychomotorisch orientierter Sportunterricht

- Spiele
- Hintergrundwissen
- Stundenbeispiele

Für

Moritz Felix Benjamin

Ulrike Kunze-Langenfeld

Psychomotorisch orientierter Sportunterricht

Spiele

Hintergrundwissen

Stundenbeispiele

BORGMANN
MEDIA

Unser Buchprogramm im Internet
www.verlag-modernes-lernen.de

Veröffentlicht in der Edition:
BORGMANN MEDIA **• Schleefstraße 14 • D-44287 Dortmund**

Fotos: Ulrike Kunze-Langenfeld
Zeichnungen: Florian Geppert

Gesamtherstellung in Deutschland: Löer Druck GmbH, Dortmund

Bestell-Nr. 9438 ISBN 978-3-938187-89-0

Inhalt

1. Einleitung

Psychomotorik ist eine besondere Form von Bewegungserziehung, bei der Lernen und Erfahrung durch Bewegung im Mittelpunkt steht. Sie ist ein bewegungsorientierter Ansatz mit dem Ziel, die kindliche Persönlichkeit zu fördern. Der Begriff impliziert das Zusammenspiel geistig-psychischer und sensorisch-motorischer Entwicklungsprozesse eingebettet in materiale und soziale Wirkungsgefüge. Die Wechselwirkung und die Untrennbarkeit von geistig-seelischen und körperlich-motorischen Prozessen werden im täglichen Leben von uns allen wahrgenommen: Wenn wir gerade traurig, frustriert oder wütend sind, spiegelt sich die jeweilige Emotion in unserer körperlichen Befindlichkeit wider, indem wir uns z. B. kraftlos oder verspannt fühlen, sie findet sich in unserem Bewegungsverhalten z. B. antriebslos oder bei Wut überaktiv sowie in unserer Mimik und Gestik z. B. ernst, ausdruckslos oder verzerrter Ausdruck. Umgekehrt erleben wir selbst immer wieder, wie eine für uns sinnige und freudvolle Bewegungsaktivität, sei es Tanzen, Fußballspielen, Spazieren gehen oder Holzhacken, unsere Stimmung oder auch unsere Aufmerksamkeit positiv beeinflusst.

Die Betrachtung von psychischen, kognitiven, perzeptiven, physischen, motorischen und sozialen Persönlichkeitsdimensionen als einheitliches Funktionsgefüge macht die ganzheitliche Ausrichtung des psychomotorischen Ansatzes deutlich: Über Bewegungsangebote, die sich an den Bedürfnissen der Kinder orientieren und alle genannten Persönlichkeitsdimensionen einbeziehen, wird die Entwicklung der Gesamtpersönlichkeit angestrebt. Auf der Grundlage entsprechender Entwicklungs- und Persönlichkeitstheorien ist die Psychomotorik auf die Ganzheit der menschlichen Persönlichkeit gerichtet, was bedeutet, dass die enge Verbindung von Wahrnehmen, Denken, Erleben und Handeln richtungweisend für die Gestaltung von Unterrichts- und Förderprozessen ist. Nicht die Verbesserung einzelner motorischer Fertigkeiten, sondern Erfahrung durch Bewegung und Bewegungshandeln als Verwirklichungsmöglichkeit und Entwicklungsmotor der kindlichen Persönlichkeit stehen im Fokus psychomotorischer Förderung. Spiel, Erfahrung, Erleben und Gestalten bilden die Kernorientierung dieses entwicklungsfördernden Ansatzes. Über Körper-, Wahrnehmungs-, Sozial-, Umfeld- und Gegenstands-Erfahrungen im Bewegungsspiel wird das Selbstkonzept des Kindes aufgebaut: Die Förderung des Körperkonzepts und der Selbstwahrnehmung sowie das Erleben und Bewusstwerden von Selbstwirksamkeit tragen dazu bei. Körpererfahrung in ihrer ganzen Bandbreite (Bewegungs-Erleben und -Lernen, Bewegungs-Kreation und -Gestaltung, Bewegungs-Kommunikation und -Ausdruck) ist Selbsterfahrung und damit grundlegender Baustein des Selbstkonzepts.

Um der persönlichkeitsbildenden Zielorientierung der Psychomotorik gerecht zu werden, muss nicht nur die Auswahl der Inhalte, sondern müssen Verfahrensweisen und methodisches Vorgehen ganzheitlich ausgerichtet sein. Es wird an den Stärken und Interessen der Kinder angesetzt, die mit entsprechenden zielorientierten Inhalten verbunden werden. Diese Inhalte müssen für das Kind Sinn machen, d.h. kindgemäß beispielsweise in Bewegungsspielen, Bewegungsgeschichten und Spannungs- oder Fantasie-Situationen angeboten werden. Raum für Kreativität und Gestaltung, Entscheidungsfindung, Regel- und Materialveränderbarkeit müssen gegeben sein. Der Weg ist oft mehr als das Ziel. Selbsttätigkeit und Gestaltung, Spiel- und Erlebnisorientierung, Offenheit, Entscheidungs- und Verantwortungsübernahme sowie Reflexion sind Orientierungsaspekte zur Gestaltung des Unterrichts. Unter anderem bilden Rituale, klare Regeln und Wiederholungen den notwendigen sicheren Rahmen. Auch wenn eine Gruppe noch starke Strukturierung und enge Vorgaben zur Orientierung braucht, können immer kurze Eigengestaltungs- und Entscheidungsmomente in den Unterricht eingebaut und im Lauf der Zeit ausgeweitet werden. Nur so können Vertrauen in das eigene Tun, Selbstwirksamkeits-Bewusstsein, Kreativität und das Einbringen eigener Bedürfnisse und Wünsche gefördert werden.

Lehrplanbezug

Im Sinne dieser bewegungsorientierten Entwicklungsförderung findet sich der Ansatz der Psychomotorik deutlich im Rahmenlehrplan Sport für die Förderschule wieder. Indem die Kinder sich wahrnehmungs- und bewegungsorientiert mit dem eigenen Körper, mit Interaktionspartnern sowie mit Material und Raum in spielerischen Sinnzusammenhängen in Beziehung setzen, werden psychomotorische Basiskompetenzen vermittelt. Diese werden in Nordrhein-Westfalen in den einzelnen Kompetenzbereichen des Rahmenlehrplans thematisiert und dort näher ausgeführt. In der Regelschule hat der psychomotorische Ansatz in dem Diskussionsrahmen, in dem Bildung und Erziehung als Persönlichkeitsentwicklung aufgefasst werden, inzwischen ebenfalls Eingang in den Sportunterricht vor allem der Grundschule gefunden.

In allen Bundesländern wird in den Sportlehrplänen für den Förder- und Grundschulbereich psychomotorische Kompetenzvermittlung gefordert. Die Begrifflichkeiten differieren, aber die Ausrichtung auf die Kernbereiche psychomotorischer Praxis ist eindeutig : In Niedersachsen werden „Körper-, Sozial-, Material-, Ausdrucks- und Gesundheitserfahrung“ als Kompetenzbereiche in den Richtlinien aufgeführt. Fast in gleicher Wortwahl werden Inhaltsbereiche in Hessen benannt. „Sinneswahrnehmung, Körperwahrnehmung, Körperschema und Raumorientierung“ bilden im Lehrplan von Rheinland-Pfalz Zielbereiche. In den Hamburger Richtlinien findet sich das „Bewegungsfeld Körper“ mit „Sinnes-, Körper-, Partner/Gruppen- sowie Ausdruckserfahrungen“. Begriffe wie Stärkung der Persönlichkeit bzw. des Selbstwertgefühls (Bayern und Schleswig-Holstein), Selbstvertrauen (Sachsen), Entwicklungsförderung (Nordrhein-Westfalen) finden sich als Leitideen in allen Lehrplänen. Die Vorgaben für den Sportunterricht sind zwar in den einzelnen Bundesländern unterschiedlich strukturiert und formuliert, auch für Förder- und Grundschulen unterschiedlich gewichtet, aber schon die schlaglichthafte Aufzählung der genannten Beispiele zeigt eine deutliche Verankerung psychomotorischer Grundlagen in den Richtlinien.

Umsetzung im Unterricht

Das vorliegende Buch zielt auf die praktische Umsetzung psychomotorischer Ausrichtung des Sportunterrichts. Es bietet über 200 motivierende Spiele und Übungsideen in den grundlegenden Förder- und Erfahrungsbereichen Körpererfahrung, Sozialerfahrung, Gegenstands-Erfahrung, Körperschema sowie Körper- und Sinneserfahrungen in Natur und Umgebung, die in diesem Band als Kernpunkte in den Fokus genommen werden. Dabei ist auch die Beziehung zu den Wahrnehmungsbereichen, die erst in einem zweiten Band ausführlich behandelt werden, berücksichtigt. Die hier vorgestellten Spiele können eingebettet in ein Unterrichtsthema oder auch so wie beschrieben für sich durchgeführt werden. Zusätzlich werden Modifikations- und Variationsmöglichkeiten hinsichtlich Schwierigkeitsgrad, Spielidee oder Material aufgeführt. In erster Linie wurden Spiele ausgewählt, die weniger bekannt sind und in langjähriger Praxis in der Schule bzw. in der psychomotorisch orientierten Aus- und Weiterbildung für SportlehrerInnen entwickelt und erprobt worden sind.
Zu jedem Bereich wird eine komprimierte theoretische Einführung gegeben, die gut verständlich das wichtigste Hintergrundwissen für eine didaktische Fundierung vermittelt. Die einzelnen inhaltlichen Schwerpunkte sind methodisch aufbereitet und strukturiert, so dass ein sinnvoller Aufbau für Lernprozesse deutlich wird. Die Reihenfolge der Spiele innerhalb der einzelnen Schwerpunkte stellt nur bedingt eine methodische Abfolge dar, da jedes Spiel in seinen Variations- und Erweiterungsmöglichkeiten immer wieder ein anderes Lern- und Erfahrungsniveau ansprechen kann.
Zu jedem Förder- und Erfahrungsbereich werden außerdem Unterrichtsstunden beispielhaft dargestellt, die die Anwendungs-, Einbettungs- und Gestaltungsmöglichkeiten der Spiele in unterschiedlichen Unterrichtskonstellationen aufzeigen. Die Unterrichtsstunden sind in der Regel für ca. 60 Minuten geplant. Die Durchführungsdauer der einzelnen Inhalte hängt von den Möglichkeiten und Bedürfnissen der jeweiligen Gruppe ab. Wenn die Kinder relativ unselbstständig sind und man länger für Organisatorisches braucht, muss mehr Zeit eingeplant werden. Grundsätzlich sollte immer Zeit für Reflexionen zwischendurch bzw. am Schluss vorhanden sein. Bei einer rituellen freien Spielzeit zu Beginn und einer Spielwiederholung oder -variation bzw. einer Entspannungsphase am Schluss, was oft sinnvoll ist, müssen 90 Minuten eingeplant werden.

Formale Hinweise

Als Bezüge zu weiteren Förderbereichen werden bei den Spielbeschreibungen nur solche aufgeführt, die vielleicht nicht ganz so offensichtlich sind. Dass z. B. eine Partnerarbeit zum Körperschema Bezug zur Sozialerfahrung hat, versteht sich von selbst. Im Prinzip spricht jedes Spiel inhaltlich immer mehrere Förderbereiche an, fokussiert aber einen in besonderer Weise. Terminologisch wird willkürlich zwischen „Kinder, Schüler, Schülerinnen, Spielleiter, Lehrerin und Mitspieler“ gewechselt, wobei häufig die männliche Form gewählt ist, die aber vom Sinn her die weibliche mit einschließt, was im umgekehrten Fall entsprechend gilt. Das vorliegende Buch soll helfen, das in den Lehrplänen Sport postulierte

Ziel der ganzheitlichen Entwicklungsförderung praktisch umzusetzen. Es bietet allen Sport-Unterrichtenden, ob mehr oder weniger mit dem Fach vertraut, fundierte Anregungen für ihren Unterricht. Die umfassende Auswahl von spielorientierten motivierenden Inhalten wird Lehrerinnen und Schülern hoffentlich viel Freude im Sportunterricht vermitteln.

2. Körpererfahrung

Psychomotorische Bewegungserziehung geht davon aus, dass sensorische und motorische Erfahrungen besonders im Kindesalter Einfluss auf das Selbstkonzept des Kindes haben. Wahrnehmung und Bewegung sind die Dimensionen, über die wir mit unserer Umwelt interagieren. Unser Körper als Grundlage unserer Existenz ermöglicht uns aktives Handeln, Agieren, Reagieren, Spüren, Gewahr werden, Anpassen, Verändern und Gestalten; der eigene Körper bildet das Fundament für eine lebenslange Persönlichkeitsentwicklung. Ein Ziel psychomotorischer Bewegungserziehung ist die Kompetenzerweiterung in Bezug auf den eigenen Körper und damit die zunehmende Kompetenz für sich selbst. Über Wahrnehmung und Bewegung spürt das Kind seine eigene Körperlichkeit, sein „in der Welt sein"; über die Hautwahrnehmung erfährt es z. B. die Grenze zwischen sich und Umwelt und kann sich dadurch erst als Selbst wahrnehmen; in der sensorischen und motorischen Interaktion lernt es sich selbst kennen, indem es gleichzeitig die Umwelt kennen lernt und damit wiederum seine eigenen Möglichkeiten und Grenzen erfährt; körperliches Agieren lässt Selbstwirksamkeit in der personalen und sachbezogenen Umwelt erfahren, Selbstwirksamkeitserfahrung ist dabei auch Ich-Erfahrung; das heißt Körpererfahrung ist immer auch Selbst-Erfahrung und trägt zum Selbstwertgefühl bei.
Die Bedeutsamkeit der Körpererfahrung für die ganzheitliche Entwicklung des Kindes lässt sie zu einem Grundpfeiler psychomotorischer Bewegungserziehung werden.
Zwei in Wechselwirkung zueinander stehende Perspektiven der Körpererfahrung sind zu unterscheiden:

- **Die an motorischer Handlungsfähigkeit orientierte Körpererfahrung und**
- **Die am Erleben und Ausdruck orientierte Körpererfahrung**

2.1 An motorischer Handlungsfähigkeit orientierte Körpererfahrung

Unter dieser Perspektive von Körpererfahrung geht es um die Erweiterung und Festigung motorischer Handlungsfähigkeit, um das Finden und Lernen vielfältiger Bewegungsmöglichkeiten und Bewegungsmuster; der eigene Körper wird in sensomotorischen Aktionen erfahren, in denen die Verbesserung, Differenzierung und Variabilität der motorischen Möglichkeiten im Mittelpunkt steht; das Kind erfährt sein motorisches Können, erweitert sein Bewegungsrepertoire, lernt seine Bewegungen zu steuern und bestimmte Muster gezielt einzusetzen. Inhalte dieser Perspektive wie zum Beispiel Laufen, Springen, Werfen, Bewegen an und mit Geräten finden sich in der Literatur und sind gängige Praxis im Sportunterricht (zu empfehlende Literatur dazu Bracke, J. (2006); Fries, A. & Schall, R. (2002)).

Dieses Verständnis von Körpererfahrung ist sozusagen die bekannte Seite der Medaille, weswegen sie hier nicht weiter thematisiert wird und wir uns im Folgenden der weniger beachteten Seite zuwenden; anzumerken ist, dass beide Perspektiven komplementär zueinander stehen, die Inhalte vordergründig oft identisch erscheinen, nur der Fokus ein anderer und damit die erlebte Bewegungserfahrung eine andere ist.

2.2 Am Erleben und Ausdruck orientierte Körpererfahrung

Diese geht über die motorische Handlungsfähigkeit hinaus und rückt das bewusste Erleben und die psychomotorische Selbstwahrnehmung in den Vordergrund. Ziel ist eine psychomotorische Erlebens- und Handlungsfähigkeit, die Bewusstheit des eigenen Körpers im Sinne einer Aufmerksamkeit und die Wahrnehmung von Bewegen, Denken, Fühlen, Verhalten und Handeln als Interdependenzen. Über Wahrnehmung und Bewegung wird sich das Kind seiner Selbst bewusst, Öffnung und Sensibilisierung gegenüber der eigenen Person und des eigenen Körpers stehen im Fokus.

In der am Erleben und Ausdruck orientierten Körpererfahrung wird der metaphorisch gebrauchte Ausdruck „eine bewegende Erfahrung zu machen“ in seiner Doppelbedeutung realisiert:

Über Bewegung mache ich mich berührende Erfahrungen. Kinder sollen sich hier spüren, körperlich-emotionale Zusammenhänge erleben, ausdrücken und steuern können.

Empathie für den eigenen Körper fördert das Verständnis über den untrennbaren Zusammenhang von Körper, Seele und Geist; differenziertere Eigenwahrnehmung ermöglicht, sich selbst in seinen physischen und psychischen Befindlichkeiten wahrzunehmen; durch das thematische Erarbeiten von Zusammenhängen zwischen Bewegen, Denken und Erleben wird Vertrauen in eigene Fähigkeiten aufgebaut, Selbstregulationsmöglichkeiten werden eröffnet und damit die Selbstkompetenz stabilisiert bzw. erweitert.

2.3 Dimensionen der am Erleben und Ausdruck orientierten Körpererfahrung

2.3.1 Psychomotorische Selbsterfahrung

In der Psychomotorischen Selbsterfahrung wird der Zusammenhang von Bewegen, Fühlen und Denken thematisiert; die verfeinerte bewusste(re) Körperwahrnehmung (z. B. physiologische Reaktionen, Spannungszustände, spezifische Körperregionen und -organe, kompensatorische Bewegungen usw ... wahrneh-

men) ist auf Körper-Erleben ausgerichtet. Psychomotorische Selbsterfahrung heißt konzentriert sein auf körper-seelisches Erfahren seiner selbst.
Diese aufmerksame Wahrnehmung geschieht sowohl auf gedanklicher und seelischer, als auch auf körperlicher Ebene. Wechselwirkungen können bewusst werden (meine angespannte Gesichts- und Handmuskulatur signalisiert mir Stress, Angst oder ...?) und die bewusste Wahrnehmung eröffnet Raum für verschiedene Möglichkeiten zu reagieren (Ich lockere meine Muskulatur und atme tief aus, um meine emotionale Anspannung zu lösen); Bedürfnisse des Körpers z. B. angezeigt durch Schmerz, Verspannung etc. können wahrgenommen und beachtet werden, verschiedenste emotionale Befindlichkeiten, erzeugt durch unterschiedliches Körpererleben, werden wahrgenommen (Schaukeln in der Stoffschaukel erzeugt bei mir Freude und Sicherheit, Schaukeln auf dem Trapez erzeugt Unsicherheit); die Erfahrungen sind individuell völlig unterschiedlich, es gibt kein Richtig oder Falsch.
Um Psychomotorische Selbsterfahrung im oben genannten Sinne zu fördern, sind folgende methodische Aspekte sinnvoll:

- mit Gegensätzen arbeiten (schnell/langsam; rollen, klettern ...)
- mit Vorstellungen arbeiten (als schwerer Eisenmensch/leichtes Eichhörnchen am Tau schwingen)
- bekannte Bewegungssituationen mit geschlossenen Augen bewältigen
- Handicaps für bestimmte Körperteile (linker Arm darf nicht benutzt werden ...)
- unterschiedliches Material bei gleichem Bewegungsmuster probieren, verschiedene Bewegungsrichtungen

Derartige methodische Vorgehensweisen helfen, den Fokus auf das Erleben und Wahrnehmen individueller motorischer, sensorischer oder gefühlsmäßiger Besonderheiten zu lenken. Über die motorische Bewältigung einer Bewegungshandlung hinaus soll z. B. die damit verbundene individuelle Erlebnisqualität wahrgenommen und gestaltet werden. Die Aufmerksamkeit wird z. B. auf bestimmte Körperbereiche, Spannungszustände oder wichtige Wahrnehmungsbereiche gelenkt und so eine verfeinerte Eigenwahrnehmung erzeugt. Beispielsweise „ Wenn ich mit geschlossenen Augen eine Gitterleiter hoch klettere, spüre ich mit meinen Händen die Holzstäbe genauer und bemerke mein Gewicht auf meinen Füßen." – „Wenn ich vom großen Kasten springe, mit der Vorstellung ich wäre ein Blatt im Wind, springe ich immer zuerst nach oben und es fühlt sich gut an."
Bewusst und unbewusst rückt hier die Selbsterfahrung in den Mittelpunkt. Wichtig ist zusätzlich immer wieder eine Reflexion auf dem Niveau der Schülerinnen: Wie fühlt es sich für dich an als leichte Feder, schwerer Ball herum zu hüpfen? Hast du Körperteile anders wahrgenommen als du die Hände und Arme nicht benutzen konntest? Welche Gefühle oder Gedanken sind dir gekommen? Wie hat sich die Unsicherheit/Freude in deinem Körper bemerkbar gemacht? War etwas anders als du die gleiche Übung mit geschlossenen Augen gemacht hast?

2.3.2 Selbstwahrnehmung über Fremdwahrnehmung

Diese Dimension der Körpererfahrung ist eine enge Schnittstelle zur Sozialerfahrung, es geht darum, sich selbst in Kontakt mit Anderen wahrzunehmen und zu erleben; das Kind soll aus der Aufmerksamkeit für sich selbst in bewusst erlebten und gestalteten Kontakt mit anderen kommen bzw. in diesem Kontakt sich selbst bewusst erleben (Ich stütze bei der Bankakrobatik meinen Partner mit meinem Körper – was bedeutet das für mich, wie ist es, wenn er mich stützt?). Der Fokus der Selbstwahrnehmung in Körperkontakt orientierten Bewegungsspielen und -aufgaben begründet die Zuordnung zur Körpererfahrung.
Eine fundamentale Form der Körpererfahrung, in der die Selbstwahrnehmung über Fremdwahrnehmung thematisiert wird, stellt das Konzept der Beziehungsgestaltung in Veronica Sherbornes "Beziehungsorientierte(r) Bewegungspädagogik" (Sherborne 1986) dar. Ihre Grundthesen
„ Kinder müssen sich in ihrem Körper zu Hause fühlen" und
„Kinder benötigen die Fähigkeit Beziehungen aufzubauen und zu gestalten."
verknüpft Sherborne, indem der Aufbau von Sicherheit und Vertrauen in sich selbst und zu anderen über gemeinsame Bewegungserfahrungen geschieht.
Erfahrungen und Beziehungsgestaltung zum eigenen Körper und Erfahrungen und Beziehungsgestaltung zu anderen Menschen finden gleichzeitig und in Wechselwirkung zueinander in körpernahen Bewegungssituationen statt (Selbstwahrnehmung über Fremdwahrnehmung und umgekehrt). Das Kind spürt seinen eigenen Körper im Kontakt mit dem Körper seines Partners.
In den verschiedenen Aktivitäten der Beziehungsgestaltung erfährt das Kind seinen Rumpf, seine Extremitäten und sein Körperzentrum, es soll Beziehungen der einzelnen Körperteile zueinander wahrnehmen und ein ganzheitliches Körpergefühl entwickeln.
Das Kind gewinnt Vertrauen durch die Art und Weise wie es Unterstützung durch seine Partner erfährt. Die Qualität der Interaktion, der psychischen und motorischen Unterstützung ist bedeutend. Durch das sich Anvertrauen und das körperliche Erleben des Angenommenseins gewinnt das Kind wiederum an Selbstsicherheit. Über bewegungsinteraktive Erfolgserlebnisse soll es das Gefühl, etwas bewirken zu können und damit Bewusstsein für seinen eigenen Wert verspüren, es soll soviel Vertrauen und Sicherheit für sich selbst entwickeln, dass es fähig ist, Eigeninitiative in der Interaktion zu übernehmen.

2.3.3 Körperausdruck

Über Bewegung eine Botschaft äußern, etwas nonverbal kommunizieren, den eigenen Körper als Ausdrucks-, Kommunikations- und Gestaltungskraft erfahren sind Inhalte dieser Dimension von Körpererfahrung. Der Körper wird als Darsteller verschiedenster möglicher Facetten der eigenen Persönlichkeit wahrgenommen. Die wörtliche Bedeutung von Emotion, dass sich Inneres nach außen bewegt, macht die Erkenntnis deutlich, dass Gefühle über den Körper, das

heißt zum Beispiel über Bewegung, Spannungszustand und Haltung zum Ausdruck kommen können. Mit dem umgekehrten Phänomen, dass beispielsweise Körperhaltungen Stimmungen beeinflussen können, beschäftigen sich neuere Forschungen zum so genannten Embodiment: Embodiment auf konkreter Ebene wird als Umsetzung einer Emotion im Körper eines Menschen verstanden. Bestimmte Körperhaltungen aktivieren im psychischen System verankerte Themen und führen dann zu kognitiven Voreinstellungen in einer konkreten Situation, die das aktuelle Verhalten beeinflussen (möglicherweise aktiviert z. B. eine aufrechte Körperhaltung mit offenem Blick das Thema Zuversicht und führt so zu höherer Konzentration oder höherer Aktivität). Durch verfeinertes Körperbewusstsein werden Zusammenhänge von Emotion Körperausdruck und Kognition bewusst und eventuell selbst regulierbar.
Darstellendes Spiel, kreative Bewegung und Pantomime kommen in dieser Dimension der Körpererfahrung zum Tragen. Durch Darstellen und „als ob“ -Spielen können ungehemmt Bewegungen und eventuell unübliches Verhalten ausprobiert, neue Bewegungen oder neues Verhalten kreiert werden. Spontaneität in Bezug auf Bewegungsausdruck wird entwickelt; die Verbindung von Stimme (Urlaute/Tierlaute), Emotionen und Bewegung wird erlebbar.
Alle diese Aspekte der Körpererfahrung sind Selbsterfahrung und fördern die Selbstsicherheit der Kinder für sich und im Umgang mit anderen.

2.4 Spiele zur Körpererfahrung

2.4.1 Psychomotorische Selbsterfahrung

Katzen-Mäuse-Fest

- **Intention:** Spielen mit An- und Entspannung
- **Arbeitsform:** Gesamte Gruppe-Fangspiel

Eine Hälfte der Gruppe wird zu Katzen, die andere Hälfte zu Mäusen. Im Keller findet eine Mäuseparty statt, Katzen und Mäuse können sich im dunklen, vernebelten Keller aber nicht sehen. Die Mäuse tanzen beschwipst völlig locker und schlackerig durch den Raum, die Katzen wittern die vielen Mäuse, die sich zwischen ihnen bewegen und gehen dabei ganz angespannt mit ausgefahrenen Krallen und gebleckten Zähnen umher. Die Mäuse werden noch gelöster in ihren Bewegungen, bei den Katzen steigert sich die Spannung in allen Muskeln bis ins Gesicht.
Beim Ruf: „Licht an!“ sehen sich alle Tiere und die Mäuse versuchen, sich vor den fangenden Katzen in ihr Loch (z. B. eine Wand) zu retten.

- Rollenwechsel

- vor das Signal „Licht an!“ wird mehrfach das Signal „Metamorphose“ geschaltet. Bei diesem Ruf findet eine sekundenschnelle Tierumwandlung statt: aus gerade völlig lockeren Mäusen werden angespannte Katzen und umgekehrt.
- Steigerung um das Gefühl der verschiedenen Spannungszustände zu intensivieren: Katzen und Mäuse sehen wirklich nichts, schließen also die Augen und dürfen sie erst beim Signal „Licht an!“ öffnen.

Um das Spüren der Spannungsgegensätze zu intensivieren, können als Untergrund harte Turnmatten und Weichbodenmatten als herumliegende Teppiche im Keller ausgelegt werden.

Der Zauberer und die Elfen

- **Intention:** Spielen mit An- und Entspannung
- **Arbeitsform:** Gruppe
- **Material:** Gegenstand, der gut zu hören ist

Ein Teilnehmer ist Zauberer, alle anderen sind Elfen. Die Elfen tanzen fröhlich, locker um den schlafenden (Augen geschlossen) Zauberer, der in der Mitte steht, herum und ärgern ihn durch Zwicken oder Kitzeln am Körper. Wenn der Zauberer aufwacht, lässt er einen Gegenstand, den er vorher in der Hand gehalten hat, fallen (z. B. Schlüssel). Alle Elfen müssen daraufhin sofort erstarren.
Die Elfen, die der Zauberer bei seinem Erwachen gerade noch sich bewegen sieht, werden zu Zaubergehilfen verzaubert. Diese helfen dem Zauberer in den nächsten Runden weitere Elfen zu fangen. Auch die Gehilfen haben die Augen geschlossen und erwachen mit dem Zauberer zusammen.

Was wäre wenn ...?

- **Intention:** Den eigenen Körper und Empfindungen über Imagination unterschiedlich wahrnehmen
- **Arbeitsform:** Jeder für sich

Grundaufgabe: kreuz und quer im eigenen Tempo durch den Raum gehen. Dazu werden immer wieder neue Imaginationsaufgaben gegeben: Was wäre wenn:
- ich leicht wie eine Feder, zittrig wie ein Pappelblatt im Wind wäre
- ich einen halben Meter größer/kleiner wäre
- ich aus Eisen, Glas, Gummi, Quallenglibber ... wäre.

Jedes Kind setzt diese Aufgaben spontan für sich um; oft wird versucht den Impuls darzustellen, vielfach aber und das wäre hier das Ziel am Ende, versuchen die Kinder sich in diesen Zustand hineinzuversetzen und sich damit zu bewegen. Wie fühle ich mich und wie bewege ich mich mit der Vorstellung, leicht wie eine Feder oder 3mal so dick wie ich bin zu sein? Welches Bewegungsgefühl hat mir besonders, welches weniger gefallen. Welche Vorstellungen könnte man noch ausprobieren?
Eine Reflexionsrunde im Anschluss ist sinnvoll. Die Vorstellung leitet die Bewegung. Bewegungen und Vorstellungen lösen Empfindungen aus.
Variation:
Mit Material z. B. Stab, Sandsäckchen. Grundaufgabe: sich mit dem Gegenstand durch den Raum bewegen. Was wäre wenn ...
- Der Stab ein Holzbrett, eine Eisenstange, ein Bambusrohr, eine Schnur, eine Hundeleine ... wäre
- Das Sandsäckchen ein Zementsack, ein Luftballon, eine volle Einkaufstüte, ein Kissen ... wäre

Puddingmann und Muskelprotz

- **Intention:** Ständiger Wechsel des Muskeltonus durch Zauberwechsel
- **Bezug zu weiteren Förderbereichen:** Körperschema
- **Arbeitsform:** Gesamtgruppe
- **Material:** „Zauberstäbe" z. B. kleine Staubpinsel

Zwei Zauberinnen besitzen jeweils einen Zauberstab, mit dem sie die übrigen Mitspieler berühren. Die berührten Mitspieler werden entweder in einen Puddingmann (Zauberin A) oder in einen Muskelprotz (Zauberin B) verzaubert. Wird man in einen Puddingmann verzaubert, muss man sich schlaff und locker fortbewegen. Bei der Verwandlung in einen Muskelprotz müssen die Bewegungen übertrieben angespannt und kraftvoll ausgeführt werden. Die Zauberinnen versuchen ständig alle, die gerade nicht unter ihrem Zauber stehen, anzuticken; so ist man Muskelprotz und wird im nächsten Moment durch Angeticktwerden zum

Puddingmann und so fort. Nach einer vorgegebenen Zeit werden auf Stop die Muskelprotze und die Puddingmänner gezählt: Welche Zauberin hat es in der Zeit geschafft mehr Mitspieler zu verzaubern?

Variation:

- Andere Bewegungen dazu finden (verzaubert werden in die Seiltänzerin Lilly und Clown Wackelpeter oder in Schmetterling und Bär oder in Pöbelmän und Angstmän).
- Man kann das Spiel auch ohne Zauberinnen spielen. Dazu wird zunächst die eine Hälfte der Gruppe in Puddingmänner, die andere in Muskelprotze verwandelt. Alle gehen, laufen ... vorwärts, rückwärts usw. durch den Raum, der so stark begrenzt ist, dass man aufpassen muss, nicht jemanden anderen zu berühren, es aber dennoch ständig geschieht. Kommt es zu einer Berührung zwischen zwei unterschiedlich Verzauberten, wird der Muskelmann zum Puddingmann und umgekehrt.

Bergsteiger bei Nacht

- **Intention:** Selbstwahrnehmung beim Bewegen an verschiedenen Geräten, Zusammenhang zwischen Körper und Emotionen wahrnehmen
- **Arbeitsform:** Gerätestationen in Gruppenarbeit
- **Material:** Rollbrett, Kästen, Bänke, Sprossenwand, Matten

Die Teilnehmer probieren selbstständig verschiedene ihnen bekannte Geräteaufbauten aus:

- Rollbrettrutsche
- Sprung vom hohen Kasten auf eine Weichbodenmatte
- Klettern über eine Sprossenwand
- Bank-Wippe
- Schiefe Matten-Ebene

Die Teilnehmer finden sich in Dreiergruppen zusammen, so dass immer zwei Partner Sicherheitsstellung leisten können. Es geht nicht darum, neue Inhalte kennen zu lernen, sondern Bekanntes intensiver und differenziert wahrzunehmen. Die Stationen werden zum Einstieg mit offenen, dann aber mit geschlossenen Augen bewältigt. Aufgabe: Nimm wahr was bei geschlossenen Augen anders für dich ist, spürst du bestimmte Bewegungen oder Körperteile genauer, spürst du Muskelanspannungen, welche Gefühle oder Gedanken nimmst du wahr.
Anschließend wird in der gesamten Gruppe über das Erlebte/Gefühlte gesprochen. Im zweiten Durchgang mit geschlossenen Augen probiert jeder aus, die jeweilige Station auf andere Weise als vorher zu bewältigen, z. B. Springen mit Drehung, um eigene Empfindungen noch einmal zu intensivieren.

Variationen:

- Handicaps einbauen: Jeder nimmt sich ein Chiffontuch und markiert damit ein Körperteil, das bei der Bewältigung der Stationen nun nicht mehr aktiv eingesetzt werden darf. Was bewirkt das Handicap ...?
- Wenn oben genannte Aufgabenstellungen zu abstrakt sind, muss die Selbstwahrnehmung konkreter angesprochen werden. Beispiel: Längsrollen die schiefe Matten-Ebene hinunter:
  Mach dich ganz lang und fest und roll wie ein Baumstamm hinunter.
  Leg dich locker und etwas gebogen hin und roll dich so wie ein Regenwurm hinunter

Wie fühlte sich das Baumstammrollen, wie das Regenwurmrollen für dich an, was war anders? Was musstest du mit deinen Armen, Beinen machen ... Denk dir zwei weitere Gegenstände oder Tiere aus, versetz dich in sie hinein und roll so hinunter. Vergleiche was dein Körper machen musste und wie es dir gefiel.

Spielidee: Goldgräber

Die Stationen stellen Plätze einer Goldmine dar. Die Goldgräber sammeln Goldklumpen, die es in Form von gelben Klebepunkten oder Chips an jeder Station gibt. Zunächst werden die Stationen mit geöffneten Augen bewältigt, dafür gibt es pro Station einen Goldklumpen. Für das Absolvieren im Dunkeln und auch für das Ausprobieren weiterer (schwierigerer) Bewegungsmöglichkeiten mit geschlossenen Augen gibt es immer zwei Nuggets.

Station Rollbrettrutsche = Einfahren mit der Lore in den Berg
Station Kastensprung = Wasserfall
Station Bankwippe = Balken über Geröllfeld
Station Sprossenwand = Klettern im steilen Bergstollen
Station schiefe Mattenebene = Erdrutsch

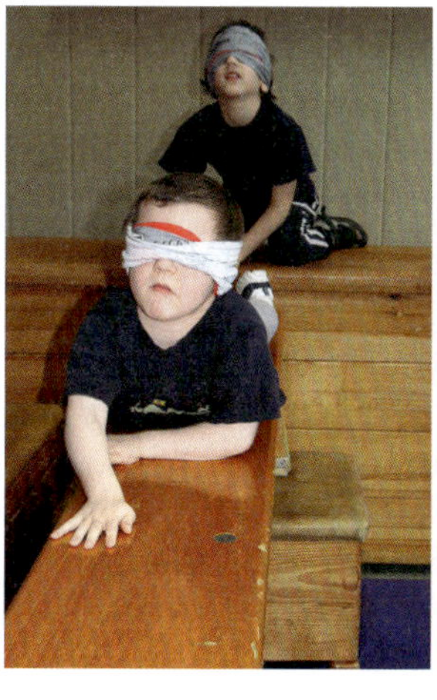

Blind durch die Gasse gehen

- **Intention:** Selbstwahrnehmung im Raum, Vertrauen auf Eigenwahrnehmung
- **Arbeitsform:** Gruppe
- **Material:** Weichbodenmatten

Die Teilnehmer bilden eine ca. $1\frac{1}{2}$ m breite Menschengasse, die ganz leise ist. Nach der Gasse folgen einige Meter freier Raum, am Ende steht hochkant eine Weichbodenmatte.
Aufgaben:
- mit geschlossenen Augen durch Gasse und Freiraum gehen und vor der Matte stehenbleiben
- das Gleiche im Laufen
- in umgekehrter Richtung
- Gassenbreite verändern

Zunächst probiert jeder der Reihe nach die jeweilige Aufgabe aus. Erfahrungen und Bewältigungsstrategien werden im Kreisgespräch ausgetauscht.
Ich kann die Aufgabe „kognitiv" bewältigen durch Schritte zählen o. ä. Aber ich kann auch alle meine „Antennen" ausfahren: Kann ich die Gasse spüren, fühlt sich der Freiraum anders an, wie eng muss die Gasse sein, damit ich sie spüre, wie wirkt sich die Gasse bzw. der Freiraum auf meine Bewegung aus, wie auf mein Befinden? ...
Dieses „Antennenausfahren" und Spüren kann jeder bewusst ausprobieren, indem der ganze Weg noch einmal gegangen wird oder um nur die Gasse zu spüren:
- hinein und heraus aus der Gasse
- Gasse eng, Gasse weit

Freundeskreis

- **Intention:** Selbstwahrnehmung im sozialen Raum
- **Arbeitsform:** Gesamte Gruppe oder Kleingruppen

Grundform: Alle Teilnehmer stehen barfuss oder mit Strümpfen im Kreis. Eine Person steht in der Mitte des Kreises und hat die Augen geschlossen. Die Teilnehmer gehen nun ganz langsam und leise im gemeinsamen Tempo auf die Person zu. – Sie können dabei die Arme schräg nach vorne ausgestreckt halten, wobei dann die Arme so gedreht sind, dass die Handflächen zur Kreismitte zeigen, die Fingerspitzen nach unten. Es wird vorher verabredet wie sich alle bewegen. – Die Spürende Person in der Mitte lässt den Kreis so weit auf sich zukommen, wie es ihr angenehm ist, sagt dann Stopp und öffnet die Augen.

Als Spielidee:
Sonnenblume
Ein Kind steht mit geschlossenen Augen in der Mitte (des Blütenkorbs). Die anderen bilden als Blütenblätter einen großen Kreis drum herum. Das Kind in der Mitte spürt und verbalisiert, ob es Tag/Nacht, Morgen- oder Mittagssonne etc. ist: Je nachdem wie weit der Blütenkreis sich langsam und geräuschlos auf die Mitte zu und wieder weg bewegt: Nachts ist der Blütenkreis eng und schützend um die Mitte geschlossen, mittags wenn die Sonne am stärksten scheint sind die Blüten ganz weit außen.
Zunächst kann das Kind in der Mitte auch bestimmen, wie nah heran oder wie weit weg die Blütenblätter sich bewegen sollen, indem es „Tag“, „Nacht“, „Mittag“ etc. sagt, so dass der Blütenkreis sich entsprechend positioniert.
Elefantenschutzring
Immer vier Kinder bilden eine Elefantengruppe zu der ein fünftes Kind als Löwe gehört. Die vier Elefanten machen unter sich aus, wer in der Runde Elefantenkind ist. Löwe und Elefanten laufen auf begrenztem Raum durcheinander. Wenn der Löwe laut „uaahh“ schreit, bleibt das Elefantenkind vor Schreck stehen und schließt die Augen. Die Elefanten müssen ganz schnell das Elefantenkind schützen, indem sie einen engen Kreis um es herum bilden, so dass der Löwe es nicht vorher abschlagen kann.

Wüstenfuchs

- **Intention:** Welche Tiere fühlen am ehesten die Erde und den Sand unter sich, welche Tiere können gemeinsam welche Spuren im Sand hinterlassen ... Welches Tierpaar kann sich schnell bewegen? Bei welchem Tierpaar ist es gut, wenn sich einer rückwärts, der andere vorwärts bewegt? Ist es angenehm von einem anderen Tier getragen zu werden, fühl ich mich stark, wenn ich ein anderes Tier transportiere, ziehe oder schiebe? ...
- **Arbeitsform:** Gesamte Gruppe

Der Wüstenfuchs steht an einer (Hallen-)Seite, alle anderen ihm gegenüber auf die andere Seite. Die Gruppe ruft: „Wüstenfuchs, wie lang ist die Wüste?“ – Antwort: “100 Kilometer!“ – Frage: „Wie kommen wir da durch?“ – Antwort: Es wird ein Tier genannt (z. B. Elefant, Schlange ...) Alle – auch der Wüstenfuchs – bewegen sich wie dieses Tier durch den Sand von der einen Seite der Halle zur anderen. Diejenigen, die vom Wüstenfuchs gefangen werden, sind anschließend selber Wüstenfüchse; in der Weiterführung werden zwei Tiere genannt, die sich miteinander verbunden durch die Sandwüste bewegen müssen z. B. 2 Elefanten, Rüssel an Rüssel; 2 Kamele, Höcker = Rücken aneinander oder Giraffe und Maus = Huckepack etc.
Um die Intention besser zu verwirklichen, können die Tiere und Tierkombinationen anfangs eventuell „vorgegeben“ werden, indem der Wüstenfuchs aus einem Kartenstapel ein Tier oder Tierpaar zieht und dieses ruft.

Mützenkasper

- **Intention:** Unterschiedliche Bewegungen ohne oder mit Materialbezug bewusst wahrnehmen und durchführen. Welcher Mützenkasper hat für mich ungewohnte, lustige, schwierige Bewegungen gemacht? Gab es einen Mützenkasper, der nur langsame Bewegungen gemacht hat? Welche Bewegungen konnte ich gut nachmachen?
- **Arbeitsform:** Gesamte Gruppe
- **Material:** Mützen, Kleinmaterial wie Sandsäckchen, Tücher, Schaumstücke

Die Kinder laufen ohne oder mit ausgewähltem Material (z. B. Sandsäckchen, Tücher, Schaumstücke) durch den Raum. Ein Kind (bei größeren Gruppen 2–3 Kinder) hat eine Mütze auf und gibt als Mützenkasper die Bewegungen vor, wobei immer wieder neue Bewegungen mit dem ganzen Körper, mit den Armen und Beinen, den Händen, dem Kopf(auch in Bezug auf das Material) kreiert werden sollen; die anderen Kinder müssen sich bei ihren Bewegungen am Mützenkasper orientieren.

Bei Stopp bewegen sich alle außer dem Mützenkasper auf der Stelle weiter und der Mützenkasper kontrolliert, welche Kinder seine zuletzt gemachte Bewegung richtig nachmachen; von diesen bestimmt er eines zum neuen Mützenkasper.

Ebbe und Flut

- **Intention:** Über Imagination Bewegungen intensiver spüren
- **Arbeitsform:** Gesamte Gruppe

Diese Spielgeschichte ist eine Bewegungsgeschichte zum Thema Wattwanderung

- Strand: Füße sinken im Sand ein
- Watt: weicher Untergrund, Fuß bleibt beim Gehen kleben
- Schlick: matschiger Untergrund, Fuß bleibt stecken, muss mit Mühe herrausgezogen werden; Andere brauchen Hilfe
- Flut: Wasser kommt, Füße müssen beim Gehen hochgenommen werden; Wasser steigt, man muss springen, um Ausschau nach einer Sandbank zu halten; Wasser steigt weiter, anstrengendes Gehen gegen den Wasserwiderstand
- Sandbank: wieder fester Untergrund, Ausruhen / Ausatmen, Beine ausschütteln
- Ebbe: Freude, gleicher Weg durch Schlick, Watt und Sand zurück, alles schneller (Laufen), am Strand aufatmen, in den Sand legen und Sandeindrücke durch Bein-, Kopf-, Rumpf- und oder Armbewegungen schaffen

Variationen:

- Immer 4–5 Kinder fassen sich an. Was ist anders, wenn wir als Kette gehen? Die inneren Kinder in der Kette sind „blind“. Spüre ich meine Bewegungen genauer, wenn ich blind gehe?

- Die Kinder sind Tiere. Wie bewegen sich diese in den verschiedenen Untergründen? Welches Tier hatte es besonders schwer, leicht?

2.4.2 Selbstwahrnehmung über Fremdwahrnehmung

Wer hat die meisten Knöpfe?

- **Intention:** Ich nehme die anderen wahr, die anderen nehmen mich wahr
  Bezug zu weiteren Förderbereichen: Sozialerfahrung
- **Arbeitsform:** Gesamte Gruppe
- **Material:** Ruhige Musik

Alle bewegen sich nach leichter Musik durch den Raum, dabei werden immer wieder Fragen eingeworfen:
- Wer hat die meisten Knöpfe?
- Wer hat die größten Füße?
- Wer hat die kleinsten Ohren?
- Wer hat den meisten Schmuck um?
- Wer hat das meiste Rot in seiner Kleidung, die dunkelsten Haare, grüne Augen ...

Jeder muss schauen, auf wen das seiner Meinung nach zutrifft und der Person die Hand auf die Schulter legen. So liegen mal alle Hände auf einer Person, mal auch auf zwei oder drei Personen verteilt, wenn z. B. zwei Teilnehmer gleich große Füße zu haben scheinen.

Variation: Aufheizen

Hierbei wird die Eigenwahrnehmung über die Wahrnehmung der Hände der Mitspieler intensiviert. Alle gehen zu ruhiger Musik durch den Raum. Die Lehrerin

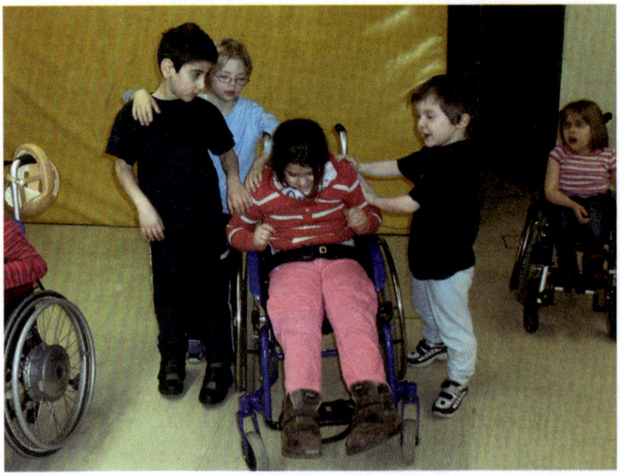

nennt den Namen eines Kindes, zu dem nun alle anderen Teilnehmer gehen, um es durch Handauflegen zu wärmen. Das Kind darf sich wünschen, an welcher Körperstelle es aufgeheizt werden will und sagt auch, wann es genug Wärme bekommen hat.
Je nach Gruppengröße können in einer Runde auch zwei oder drei Kinder gleichzeitig aufgeheizt werden.

Begrüßungsrituale

- **Intention:** In der gegenseitigen körperlichen Kontaktaufnahme sich selbst und den Anderen wahrnehmen
- **Arbeitsform:** Gruppe
- **Material:** Musik

Alle Teilnehmer bewegen sich zu Musik durch den Raum. Es werden nacheinander verschiedene Arten der Begrüßung vorgegeben, zum Beispiel:
- den anderen in die Schulter zwicken
- den anderen in die Kniekehle tippen
- den Daumen auf den Kopf des anderen legen
- soviel Arme einhaken wie möglich
- Rücken an Rücken schubbern
- so viele Pos klopfen wie möglich

Heiße Kartoffel

- **Intention:** Ein Gruppenmitglied fokussieren bzw. selbst fokussiert werden
- **Arbeitsform:** Gruppe im Kreis / durcheinander
- **Material:** Mehrere Sandsäckchen

Alle Teilnehmer stehen im Kreis. Ein Sandsäckchen wird schnell im Kreis herum gegeben oder geworfen, dabei nennt jeder den Namen seines Nachbarn, dem er das Sandsäckchen zuwirft. Nach einigen Runden wird die Kreisform aufgelöst und alle bewegen sich durcheinander durch den Raum. Das Sandsäckchen wird dabei immer in der gleichen Reihenfolge (wie vorher im Kreis) zugeworfen (A wirft immer zu B egal wo B sich gerade im Raum befindet und ruft dabei auch B's Namen; B wirft immer zu C usw.).
Nach und nach kommen immer mehr Sandsäckchen ins Spiel. So dass gleichzeitig z. B. A nach B ruft und wirft und F nach G, und H nach I etc.
Alle laufen und rufen durcheinander und haben viel Spaß dabei.

Planetenkreisen

- **Intention:** Einzelne Gruppenmitglieder zum Mittelpunkt eigener Bewegungshandlung werden lassen bzw. sich selbst als Mittelpunkt für andere erfahren
- **Arbeitsform:** Gesamte Gruppe
- **Material:** Musik

Während alle Teilnehmer nach Musik als Planeten im (Welt-)Raum durcheinander laufen, schweben und sausen, sucht sich jeder eine Person als Sonne aus. Bei Musikstopp und Zuruf „Planetenkreisen!“ muss jeder versuchen, seine Sonne dreimal zu umkreisen. Wer das geschafft hat, bleibt stehen und hebt die Hand. Schaffen es alle Planeten ihre Sonne zu umkreisen? Bei jedem erneuten Durchgang müssen sich die Planeten eine neue Sonne suchen; beim Umkreisen entsteht oft ein wildes aber lustiges Gewühl.

Zwillingspartner finden

- **Intention:** Eigene Bewegung in ihrem Ablauf wahrnehmen, vergleichen mit den Bewegungsabläufen der Anderen; Abstimmen mit dem Partner
- **Arbeitsform:** Gesamte Gruppe
- **Material:** Karten mit Bewegungsvorgaben (jeweils zwei gleiche)

Jedes Kind bekommt eine bestimmte Bewegung vorgegeben und soll sich so durch den Raum bewegen (z. B. Scherengang und mit beiden Armen kreisen). Jeweils zwei Kinder haben die gleiche Bewegungsart. Sobald sie sich gefunden haben gehen sie zusammen weiter und versuchen ihre Bewegung synchron zu gestalten.
Anmerkung: Jüngere Kinder bekommen Tiervorgaben z. B. gehen wie ein Storch, Elefant, Tiger ...
Die Karten werden mehrmals wieder gemischt und neu gezogen.
Zum Schluss denken sich immer zwei Paare eine kleine Bewegungschoreographie mit ihren beiden Bewegungsmustern aus.

Zwiebel

- **Intention:** Wechselnde Partner wahrnehmen
- **Arbeitsform:** Gruppe im Kreis

Es werden zwei Kreise gebildet (Innen- und Außenschale der Zwiebel). Der innere Kreis guckt nach außen, der äußere Kreis guckt nach innen, so dass sich immer zwei Teilnehmer gegenüber stehen. Nach jeder Aufgabe rückt mal der

innere, mal der äußere Kreis ein oder mehrere Positionen nach links oder rechts, so dass die Partner wechseln.
Die Partner sollen sich zunächst begrüßen und erhalten dann eine Aufgabe:
- Innenkreisteilnehmer schließen die Augen und sollen den gerade begrüßten Partner beschreiben
- Partner haken sich Rücken an Rücken ein und machen eine Rückenschaukel
- Anfassen und zusammen hüpfen
- Miteinander verknoten
- Hampelmann springen mit gegenseitigem Abklatschen
- Innen- und Außenkreisteilnehmer schließen die Augen und jeder summt ein Lied, welches summt mein Partner?

Engpass

- **Intention:** Wahrnehmen und reagieren auf Bewegungen der anderen
- **Arbeitsform:** Zwei Gruppen gegeneinander
- **Material:** Bänke, Kästen oder anderes Material als Gasse

Es werden zwei Gruppen gebildet. Die Gruppen stehen sich gegenüber, jeweils in einer Ecke des Raumes. Auf ein Startzeichen hin müssen beide Gruppen gleichzeitig durch eine Gasse aus Bänken/Matten ... auf die jeweils andere Seite laufen. Dabei darf beim Hinüberlaufen niemand berührt werden. Wer jemand anderen berührt, muss sich erst einmal um sich selbst drehen bevor er weiterläuft. Die Gruppe, in der zuerst alle mit einer Hand an der Wand angeschlagen haben, bekommt einen Punkt.
- Gassenbreite verändern
- Laufbewegungen vorgeben: Mit waagerecht gestreckten Armen; mit kreisenden Armen; ein Arm vor-, der andere zurückgestreckt

Variation:
Es wird in einem abgesteckten Feld kreuz und quer (keine Gruppen, sondern jeder für sich) mit vorgegebenen Laufbewegungen ohne anzustoßen gelaufen. Wer gegen jemanden stößt muss sich für eine Runde als Hindernis platzieren, das auch nicht berührt werden darf. Das Lauffeld wird allmählich immer kleiner, indem die Begrenzungen zur Mitte geschoben werden.

Veränderung: Delfine
Im begrenzten Meeresgebiet bewegen sich die Delfine in weichen fließenden Bewegungen durchs Wasser (am besten mit

entsprechender Musikuntermalung). Der Raum ist nicht sehr groß, so dass oft Berührungen stattfinden. Bei einer Berührung gleiten die Delfine mit einer leichten Rollbewegung voneinander ab. Da der Raum allmählich immer enger wird, findet ein ständiges Abgleiten voneinander statt. Schließlich bekommen die Delfine die Aufgabe, immer durch die Mitte und wieder nach außen zu schwimmen, alles geschieht in fließendem aneinander Abgleiten. Das geht auch bei Nacht, wenn die Delfine die Augen geschlossen haben.

Roboter

- **Intention:** Eigenbewegung auf Fremdbewegung beziehen
- **Arbeitsform:** Einzel, Partner und Gruppe
- **Material:** Robotermusik

Die Kinder bekommen die Aufgabe, sich alleine wie ein Roboter durch den Raum zu bewegen und auszuprobieren, wie sie ihre Arme, Beine und den Körper roboterhaft bewegen können. Dann bewegen sich 2 Partner-Roboter in identischer Weise bzw. in ihren immer gleichen Einzelbewegungen aufeinander bezogen durch den Raum.
Anschließend sollen sie sich zu viert als eine Maschine (fort-)bewegen, wobei die Bewegungen der einzelnen Maschinenteile in Bezug zueinander stehen und sich immer gleichbleibend wiederholen.
Kontaktmaschine: Es wird mit Körperkontakt gearbeitet, d. h., die einzelnen Maschinenteile müssen bei jeder Bewegung Berührung miteinander haben. Z. B. können sie sich aneinander abstützen, sich voneinander abdrücken oder abrollen, den Nächsten hochziehen oder herunterdrücken usw.

Ballpartner

- **Intention:** Sich in den Partner hineinversetzen bzw. selber Vorgaben des Partners selbstgestaltend umsetzen
- **Arbeitsform:** Partner

Ein Partner ist der Ball und wird vom anderen „geprellt“, „gerollt“, „geworfen“, „geschossen“ ... Der „Ball“ bewegt sich so wie er die Bewegungen des Partners interpretiert. Macht der Partner z. B. Prellbewegungen könnte er durch die Halle hüpfen, bei einem Schuss könnte er als Ball wegrennen oder aber auch sich über den Boden rollen. Der Spielende muss sich überlegen, was seinem Ball zuzumuten ist.
Variation: Ein Partner ist Frau Holle, der andere das Kissen (Federn), das geschüttelt wird, so dass die Federn auf und ab fliegen, segeln, sich drehen ...

Rückenbegegnung

- **Intention:** Sich selbst und den Partner über den Rücken wahrnehmen
- **Arbeitsform:** Gruppe im Kreis

Alle Teilnehmer bilden einen großen Kreis, blicken dabei nach außen und halten die Arme vor dem Körper verschränkt. Mit geschlossenen Augen gehen alle gleichzeitig langsam rückwärts in die Mitte. Sobald man in der Mitte auf eine andere Person trifft, erfühlt man mit dem eigenen Rücken den anderen Rücken so lange, bis man meint, genug Einzelheiten, Merkmale des anderen Rückens zu kennen. Sprechen ist nicht erlaubt. Danach gehen alle wieder nach außen, öffnen erst auf Zeichen des Spielleiters die Augen und versuchen ihren Rücken-Partner zu finden.
Ein bis zwei Spielleiter müssen darauf achten, dass immer zwei Rücken (und nicht z. B. drei) sich gegenseitig erfühlen und müssen sich die Paarkonstellation merken, um exakt Rückmeldung geben zu können.

Wer ist der Boss?

- **Intention:** Genaues Beobachten der anderen Teilnehmer
- **Arbeitsform:** Gruppe im Kreis

Ein Teilnehmer verlässt den Raum, die anderen bilden einen Kreis. Es wird festgelegt, wer „der Boss" ist. Die Person gibt nun verschiedene Bewegungen vor, die die anderen nachmachen. Die Person, die vor der Tür gewartet hat, kommt wieder herein und versucht heraus zu finden, wer in der Gruppe der Boss ist.

Hinweis:
Die Bewegungen, die der „Boss“ macht, können zeitlupenartig langsam sein oder verschiedene Bewegungsfolgen werden schnell hintereinander gereiht. Themenvorgaben wie Orchesterinstrumente oder Sportarten helfen, Bewegungen zu finden.

Efeu

- **Intention:** Sich selbst in engem Kontakt mit anderen wahrnehmen
- **Arbeitsform:** Gesamte Gruppe, Kleingruppen

Alle knien eng zusammen mit geschlossenen Augen auf dem Boden. Jeder Teilnehmer streckt die Hände bei gekreuzten Armen nach oben, wie Ranken, die zum Himmel wachsen. Jede Hand muss eine andere greifen. Danach werden die Augen geöffnet und das Knäuel soll, ohne dass die Hände losgelassen werden, entknotet werden. Dabei entsteht ein Kreis, manchmal auch zwei oder drei.
Noch schwieriger wird es, wenn die Augen auch bei der Entknotung geschlossen bleiben.

Variation:
Alle stehen angefasst im Kreis und verknoten sich ohne Loslassen durch Drüber- und Druntersteigen miteinander bis nichts mehr geht. Nun sollen ein bis zwei vorher bestimmte Mitspieler außerhalb des Kreises durch Anweisungen das Knäuel wieder in einen Kreis zurück verwandeln. Die Hände dürfen dabei natürlich nie gelöst werden.

Variation: Gordischer Knoten
Hierbei halten die Kinder Seilchen zwischen sich und „verknoten" sich in dieser Verbindung miteinander. Es wird in Kleingruppen gearbeitet, vier Kinder sind durch die Seilchen miteinander verbunden , das fünfte Kind muss den gordischen Knoten über Bewegungsanweisungen an die anderen lösen.

Karussell

- **Intention:** Immer wieder ein anderes Gruppenmitglied bewusst wahrnehmen
- **Bezug zu weiteren Förderbereichen:** Sozialerfahrung
- **Arbeitsform:** Gesamte Gruppe

Eine Hälfte der Teilnehmer bildet einen Außenstirnkreis, die andere Hälfte bildet um diesen herum einen Innenstirnkreis, so dass immer zwei Schülerinnen sich gegenüber stehen. Die Kreisteilnehmer sind durch Handfassung miteinander verbunden. Nun beginnt das Karussell sich zu drehen und wird immer schneller, das heißt der äußere Kreis dreht sich in eine Richtung, der innere in die andere. Auf ein Stopp-Signal lassen sich alle los und jeder sucht sein „Anfangsgegenüber". Die Paare die sich gefunden haben, nehmen sich schnell Huckepack und strecken den Siegesarm nach oben. Neue Runde, neuer Partner.

Ball schieben

- **Intention:** Eigenwahrnehmung durch Gewichtsabgabe bzw. aktiven Widerstand zur Partnerin
- **Arbeitsform:** Partner bzw. Dreiergruppen
- **Material:** Overbälle, Pezzibälle

Paarweise haben die Schülerinnen einen Overball. Partnerin A hält den Ball beidhändig irgendwo an den Körper von B, z. B. an den Rücken. B gibt über den Ball so viel Gewicht wie möglich ab, so dass A ordentlich Druck ausüben muss, um die Partnerin auf diese Weise durch den Raum zu schieben.
B lehnt sich sozusagen in den Ball hinein und lässt sich schieben; durch das Gewicht abgeben spürt B den eigenen Körper im passiven Widerstand, während A sich selbst im aktiven Widerstand zur Partnerin spürt. Die Kontaktpunkte des Balles am Körper werden mehrfach gewechselt.
Um die Erfahrung zu intensivieren, kann die Gewicht abgebende Partnerin ihre Augen schließen.
Vereinfachte Variation: Ohne Fortbewegung, Erproben der Gewichtsabgabe an den Pezziball aus verschiedenen Körperpositionen; der Partner gibt über den Ball den nötigen Gegendruck.
Mannschaftsspiel mit einem großen **Pezziball:**
Hierbei werden die eigenen Kräfte im aktiven Widerstand gespürt. Es wird jeweils drei gegen drei gespielt. Der Ball liegt in der Feldmitte auf dem Boden, alle Spielerinnen haben ihre Hände am Ball und versuchen ihn über die gegnerische Grundlinie zu drücken. Der Ball muss die ganze Zeit auf dem Boden bleiben.

Partner-Turngeräte

- **Intention:** Sich selbst durch die Partner-Körperunterstützung und als stabiler Haltgeber wahrnehmen
- **Arbeitsform:** Partner
- **Material:** Matten

Bei jedem Paar ist wechselweise ein Partner das unterstützende Turngerät, der andere ist Turner.

Bankabroller:
Partner A geht in die Bankstellung. Partner B legt sich mit seinem Becken quer auf A und stützt sich mit einer Hand vorne auf dem Boden ab, die andere Hand schiebt er unter A am Boden entlang durch und rollt über diese Schulter und den seitlich gehaltenen Kopf ab. A kann das Abrollen unterstützen indem er sich dabei langsam absenkt.
B kann versuchen, mit Kopf und Schultern bis unter die Bank abzurollen.

Klammerrolle:
Partner A geht in Bankstellung. Partner B legt sich quer auf A und versucht nun nicht von ihm abzurollen, sondern um ihn herum zu rollen, ohne ihn los zu lassen, bis er mit dem Kopf unter der Bank hindurch ist.

Kamelreiten:
A befindet sich in Bankstellung. B setzt sich mit dem Po so auf A, dass sein Gewicht auf dessen Hinterteil und Beinen lastet und stellt seine Füße auf die Schultern von A oder lässt sie im Langsitz darüber hinaushängen. Wenn B ausbalanciert ist, kann das Kamel leicht anfangen zu schaukeln.

Die lange Fußbrücke

- **Intention:** Selbstwahrnehmung im Widerstandskontakt und in der gemeinsamen Balance mit dem Partner
- **Arbeitsform:** Partner im Gruppenspiel
- **Material:** Matten

Zunächst wird als Grundlage für das Spiel die Partner-Fußbrücke erprobt: Beide Partner liegen sich auf dem Rücken mit angewinkelten Beinen gegenüber, die Füße berühren sich mit den Fußflächen. Beide Partner drücken gleichzeitig ihre Beine gegen die Mitte hoch, bis sich ihre Rücken vom Boden abheben und so mit den Beinen einen Brückenbogen bilden. Die Arme stabilisieren am Boden. Durch den gegenseitigen Widerstand entsteht eine gemeinsame Balance.

Spielform:
Drei bis vier Paare gehören zu einer Mannschaft und bilden als Partnerbrücken nebeneinander liegend eine lange Fußbrücke unter der eine Art Tunnel entsteht. Auf Zeichen löst das erste Paar jeder Gruppe seine Fußbrücke, krabbelt durch den Tunnel und nimmt am Ende wieder die Brückenstellung ein. Ist dies geschehen, darf das zweite Brückenpaar seine Stellung auflösen und loskrabbeln usw. Welche Gruppe schafft die Verlängerung der Fußbrücke (bis jedes Paar ein-, zwei- oder dreimal verlängert hat) am Schnellsten?

Reitturnier

- **Intention:** Sich selbst in der Unterstützung durch die Partner bzw. sich selbst als Unterstützungspunkt des Partners wahrnehmen
- **Arbeitsform:** Dreiergruppen
- **Material:** Verschiedene Matten, Chiffontücher

Zwei Schüler bilden ein Pferd indem der hintere an die Hüften des vorderen fasst und dabei mit den Beinen soweit nach hinten geht, dass sein Oberkörper fast parallel zum Boden gebeugt ist. Er stellt also den Rücken und die Hinterbeine des Pferdes dar, während der Schüler vorne Pferdekopf, -brust, und Vorderbeine darstellt. Der dritte Schüler sitzt als Reiter auf dem Pferderücken.
Das Turnier besteht darin, eine Hindernisbahn (verschiedene Matten in unterschiedlichen Abständen) zu bewältigen. Immer zwei Pferde gegeneinander oder auch als Staffel.
Jeder Schüler ist auf jeden Fall einmal Vorder-, Hinterpferd und Reiter.
Variation: Reiterkampf
Jeder Reiter hat eine Trophäe (Chiffontuch aus dem Hosenbund hängend), die ihm von einem anderen Reiter abgejagt werden kann.

Bank-Akrobaten-Stopptanz

- **Intention:** Den Partner als Unterstützungsfläche erfahren bzw. selber stabile Unterstützung durch den eigenen Körper geben. Welche Positionen fallen leichter, wie viel Kontakt ist am besten ...?
- **Bezug zu weiteren Förderbereichen:** Sozialerfahrung
- **Arbeitsform:** Partner

Die Schüler/innen bewegen sich nach Musik durch den Raum. Bei Musik-Stop sind je nach Vorgabe vorher eingeführte leichte Partneraufgaben aus der (Bank-) Akrobatik durchzuführen:
Bankflieger: Partner A in Bankstellung, B liegt quer mit gestreckten Armen und Beinen auf dem Rücken des Partners
Doppelbank: Partner A befindet sich in Bankstellung, Partner B in gleicher Stellung auf A mit Schulter und Becken als Unterstützungsfläche
Spiegelbank: Partner A befindet sich in Bankstellung, Partner B spiegelverkehrt in Rückenlage auf A mit nach oben gestreckten Armen und angewinkelten Beinen
Es können zunächst feste Partner zusammen laufen und abwechselnd die stützende Rolle übernehmen; später läuft jeder einzeln und die Paare finden sich zufällig zusammen.

Storchhüpfen

- **Intention:** Die Unterstützung des Partners erfahren und selber Unterstützung geben. Wann ist mehr Unterstützung nötig und spürbar z. B. bei schnellerem oder langsamem Tempo, gibt es Partnerunterschiede?
- **Bezug zu weiteren Förderbereichen:** Sozialerfahrung
- **Arbeitsform:** Partnerweise oder mehrere Kinder

Die Partner hüpfen einbeinig zur Musik durch den Raum, wobei das hintere Kind mit einer Hand einen Fuß des Vorderen hält und mit der anderen sich auf dessen Schulter abstützen darf. Vereinfacht kann auch nur der Hintere einbeinig hüpfen und sich mit den Händen auf beiden Schultern des Vorderen abstützen. Bei Musik-Stop Rollen- und dann Partnerwechsel.
Variation:
- Der Hintere hüpft mit geschlossenen Augen
- Als Staffelform, bei der das vordere Kind etwas transportieren muss
- Mehrere Kinder hintereinander hüpfen als Storchkette

Rückendrücken

- **Intention:** Durch die intensive Widerstandserfahrung den Partner und sich selbst spüren
- **Arbeitsform:** Partner
- **Material:** evtl. Matten, Markierungen, evtl. Teppichfliesen

Die Partner sitzen Rücken an Rücken und versuchen, sich – mit Hand- und Fußeinsatz – über den Boden zu drücken. Wer schafft es, den Partner zuerst von der Matte zu schieben?

Als Mannschaftsspiel:
Die Spieler beider Gruppen sitzen Rücken an Rücken mit ihrem Gegner auf einer Linie. Parallel zur Mittellinie verlaufen in ca. drei Meter Entfernung an beiden Seiten die Ziellinien. Wer darüber geschoben wird, zählt für die Gegenmannschaft als Punkt.
Die Gegenspieler können sich auch einharken, wenn die Hände nicht eingesetzt werden sollen.

Variation:
Zunächst kann mit dem **Rückenschieben** begonnen werden. Dazu sitzen beide Partner jeweils auf einer umgedrehten Teppichfliese (es geht auch ohne Fliese). Partner A gibt sein Gewicht an Partner B ab, der durch Rückendruck (über Füße- und Händeabdrücken vom Boden) den Partner durch die Halle schiebt. – Auch als Gruppenwettkampf zu gestalten.

Wellenbank

- **Intention:** Über die Fremdwahrnehmung den eigenen Körper in Ruhe und Wohlspannung erleben
- **Arbeitsform:** 5er-Gruppen
  Bezug zu weiteren Förderbereichen: Sozialerfahrung, Körperschema
- **Material:** Matten

Vier Schüler befinden sich auf einer Matte als Bank im Vierfüßlerstand nebeneinander, auf die sich die fünfte Person in Rückenlage legt. Die Bank macht nun gemeinsam leichte Schaukelbewegungen vor und zurück und zur Seite. Der oben Liegende darf bzw.soll die Wellen genießen.
Nach einer Weile endet die Wellenbewegung, alle führen ihren rechten Arm nach hinten und legen ihn um die oben liegende Person, gleichzeitig senken sie ihren Po zu den Füßen, so dass der Obere sacht nach hinten am Boden abgelegt werden kann.

2.4.3 Körperausdruck

Wechsel-Pantomimen

- **Intention:** Schnelle Darstellungswechsel in Fortbewegung
- **Arbeitsform:** Jeder für sich

Alle Schülerinnen gehen im Raum umher und bekommen in kurzen Abständen vom Spielleiter eine neue Aufgabe:
- gehen durch den Raum und dabei eine Kostbarkeit in den Händen halten
- gehen wie eine Marionette
- einen Koffer zum Bahnhof tragen
- auf Zehenspitzen nachts in die Küche zur Schokoladendose schleichen
- mit dem Super-Geburtstagsgeschenk vor Freude durch den Raum tanzen
- als Super-Model über den Laufsteg laufen

- von unserem wild gewordenen Hund an der Leine gezogen werden
- mit aufgespanntem Regenschirm im Sturmwind gehen
- einen vollen Wassereimer tragen

Zauberball

- **Intention:** Pantomimischen Ausdruck in Verbindung mit einem Gegenstand üben
- **Arbeitsform:** Gruppe im Kreis

Die gesamte Gruppe wirft sich im Kreis einen Zauberball zu. Dieser nimmt im Laufe der Runde immer wieder eine andere Eigenschaft an und muss entsprechend geworfen und gefangen werden. Der Ball kann zum Beispiel glitschig, kuschelig, stachelig, klebrig, kalt, leicht, schwer oder heiß sein. Jeder Werfer kann die aktuelle Eigenschaft verändern, indem er sagt, wie der Ball im Folgenden beschaffen ist.

Verwandlungen

- **Intention:** Pantomimische Aktionen mit einem Gegenstand gestalten
- **Arbeitsform:** Gruppe im Kreis

Im Kreis wird ein Gegenstand weitergereicht. Dieser Gegenstand, z. B. ein Schaumstück, verwandelt sich durch die pantomimische Aktion mit ihm von Person zu Person in etwas anderes: Erst ist das Schaumstück z. B. ein Kissen, auf dem der Kopf abgelegt wird, dann wird es als Kamm eingesetzt, anschließend stellt es ein Brötchen dar, von dem ein Stück abgebissen wird usw. Es können auch zwei Gegenstände in jeweils unterschiedlicher Richtung im Kreis herumgegeben werden.

Kreispantomime

- **Intention:** Einfache Darstellungsformen mit Partnern im Spiel anwenden
- **Arbeitsform:** Gruppe im Kreis

Ein Kind der Gruppe steht in der Mitte des Kreises, zeigt auf ein anderes Kind (M) und nennt eine Figur, die das Kind mit seinen beiden Nachbarn sofort darstellen muss. Der linke und der rechte Nachbar des aufgerufenen Gruppenmitgliedes sind immer automatisch die Mitspieler. Die Figuren sind vorher festgelegt, z. B.:

- Elefant (Mitte: fährt Rüssel aus, Seiten: bilden mit ihren Armen zwei Ohren am Elefantenkopf)
- Toaster (Mitte: springt hoch, Seiten: bilden Schlitz mit parallel gehaltenen Armen zwischen denen M springt)
- Mixer (Mitte: hält die Arme links und rechts schräg hoch, Seiten: drehen sich darunter)
- Känguru (Mitte: bildet mit Armen Beutel vor dem Bauch, Seiten: gucken hinein)
- Kamel (Mitte: beugt sich, Seiten: legen die Köpfe auf den Rücken von M)
- Ente (Mitte: wackelt mit dem Po, Seiten: paddeln mit den Händen)

Die drei Akteure müssen sofort entsprechend ihrer Position (Mitte oder Seite) die richtigen Figurteile darstellen. Wer einen Fehler macht, wechselt in die Kreismitte und wird neuer „Rufer". Je schneller hintereinander der „Rufer" einzelne Figuren an verschiedenen Stellen des Kreises aufruft, desto schwieriger wird es, schnell richtig zu reagieren.
Variation: Um noch mehr Darstellungsfehler zu provozieren, können zwei Rufer gleichzeitig in der Mitte agieren, auf die die Kreisteilnehmer reagieren müssen.

Redewendungen darstellen

- **Intention:** Partnerweise Sprachinhalte in körperliche Darstellung umsetzen
- **Arbeitsform:** Partner

Alle laufen zur Musik durch den Raum. Bei Musikstopp finden sich jeweils neue Partner und versuchen angesagte Redewendungen in gemeinsamer Körper-Bewegungsaktion darzustellen: Jemanden um die Ecke bringen; jemandem in den Rücken fallen; jemanden an der Nase herum führen; jemanden aus der Bahn werfen; jemanden den Hals umdrehen; jemanden fallen lassen; jemandem sein Herz ausschütten; jemanden den Weg frei machen; jemandem die Ohren lang ziehen; ein Auge auf jemanden werfen.

Pantomime-Kette

- **Intention:** Über Körperausdruck und Gestik Alltagshandlungen darstellen
- **Arbeitsform:** Dreier- oder Vierergruppen

Eine Person der Gruppe beginnt pantomimisch eine Alltagshandlung (Einkaufen im Supermarkt, eine Blume in den Garten pflanzen ...) darzustellen, die anderen zwei (bzw. drei) versuchen zu erfassen, um was es sich handelt. Nach einer Sequenz stoppt die mimende Person ihre Handlung und die nächste der Gruppe muss an dieser Stelle fortfahren, so wie sie das Vorgeführte interpretiert hat und meint, wie die Handlung weitergehen könnte. So wird der Reihe nach fortgefahren, bis alle Gruppenmitglieder dreimal an der Reihe waren oder das Zeitlimit um ist. Anschließend bespricht die Gruppe die entstandene „Geschichte" und die eventuell unterschiedlichen Interpretationen der Darstellungen.

Sprichwörter, Gedichte und Geschichten darstellen

- **Intention:** Gestische und mimische Darstellungen zu einem Text finden und gestalten
- **Arbeitsform:** Gruppen zu je vier Personen

Jede Gruppe bekommt ein Sprichwort (bzw. Gedicht) vorgegeben oder kann sich selbst für eines entscheiden, welches sie pantomimisch darstellen will, z. B.: Der Apfel fällt nicht weit vom Stamm; Lügen haben kurze Beine etc. Die Schülerinnen überlegen gemeinsam, wie sie die Darstellung umsetzen wollen und proben sie. Jede Gruppe spielt anschließend ihr Sprichwort den Anderen vor, die erraten sollen, um welches Sprichwort es sich handelt. Wichtig ist, dass jede Gruppe

ihre Darstellung zunächst zu Ende vorführt und erst nach dem Applaus darf geredet und eine Vermutung geäußert werden.
Bei der Präsentation eines Gedichtes wird dieses gleichzeitig vorgelesen. Sich wiederholende Textpassagen in einem Gedicht sollten möglichst auch gleich dargestellt werden.

„Einer fehlt“

- **Intention:** Über darstellendes Spiel die Ausdrucksmöglichkeiten des Körpers erfahren
- **Arbeitsform:** Gruppe zu je vier oder fünf Personen

Ein Schüler jeder Gruppe verlässt den Raum oder setzt sich abseits. Die anderen Gruppenmitglieder überlegen sich nun eine Situation, die sie nonverbal spielen und bei der die Hauptperson fehlt, z. B.: Eine Reisegesellschaft (Reiseleiter fehlt), Autounfall (Polizei fehlt), im Schwimmbad (Bademeister fehlt). Nun muss der übrige Schüler die Situation, die ihm seine Gruppe vorspielt, erraten, seine eigene Rolle dabei herausfinden und sich dann nonverbal in das darstellende Spiel einklinken. Spielt er seine Rolle richtig, ist der Durchgang beendet und die nächste „Hauptfigur“ wird hinausgeschickt.

Mutige Medizinbälle und fröhliche Tücher

- **Intention:** Mit Hilfe von symbolisierenden Materialien den eigenen Körper als Ausdrucksmittel von Gefühlen und Stimmungen erfahren
- **Arbeitsform:** Einzeln oder auch partnerbezogen
- **Material:** Chiffontücher, Schaumstücke, Seilchen, Medizinbälle, Decken, Musik

In Bewegungsaktionen mit den einzelnen Materialien sollen über Haltung und Bewegung, Gestik und Mimik verschiedene Emotionen ausgedrückt werden. Jedem Material ist eine Emotion zugeordnet: Mit den Chiffontüchern kann durch fröhliches Hochwerfen, Schwingen sowie dabei Hopsen und Tanzen Freude ausgedrückt werden. Aufrechtes Gehen mit einem hoch über den Kopf gehaltenen Medizinball symbolisiert Mut. Beim Schaumstücke-auf-den-Boden-Werfen ist Wut zu fühlen und zu sehen. Unter Decken kann man sich gemeinsam traurig zurückziehen und sich trösten oder auch mit der Decke um die hängenden Schultern herumgehen. Die Seilchen zieht man angstvoll als Schlange hinter sich her oder sie sitzt einem auf dem Rücken. Jedes Material wird auf je einer Matteninsel in der Halle ausgelegt. Die Kinder laufen zur Musik kreuz und quer zwischen den Inseln herum. Bei Musikstopp wird eine Symbolkarte hoch gehalten, die durch ein Gesicht eine der Emotionen symbolisiert. Aufgabe ist es nun,

sich das entsprechende Material zu holen und in Bewegungsaktion damit sich in diese Emotion hineinzuversetzen und sie auszudrücken. In der Fortführung sollte dazu angeregt werden, immer wieder neue Aktionsmöglichkeiten zu finden mit der Fragestellung: „Wie kann ich die Freude, den Mut und die Angst noch deutlicher oder auch einfach anders in meinem Körper spüren und mit meinem Körper ausdrücken?" Auch kann die Gestaltung mit dem Material partner- oder gruppenbezogen erfolgen.

Variation: Stimmungstücher

Jeder Tuchfarbe ist eine Emotion (Wut, Freude, Angst, Trauer) zugeordnet: Die Tücher werden verteilt und die Stimmung der Tuchfarbe geht auf die Person über. Wer ein grünes Tuch hat, wird zum Beispiel traurig, beim gelben Tuch kommt Freude auf. Jeder bewegt sich mit seinem Tuch durch den Raum (Musikuntermalung) und versucht dabei, die Emotion körperlich, gestisch und mimisch

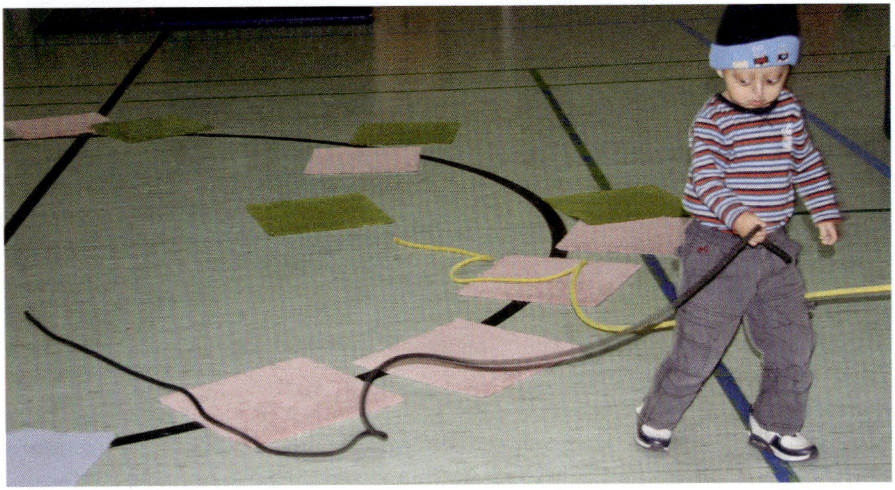

auszudrücken. Bei Musikstopp werden alle Tücher in die Luft geworfen und jeder soll ein andersfarbiges fangen, dessen Emotion nun auf ihn übergeht.
Zunächst bewegt sich jeder allein durch den Raum und versucht seine Befindlichkeit, die ihm das Tuch vorgibt, auszudrücken. In der Weiterführung sollen sich zwei Personen in gleicher Stimmung gemeinsam agierend durch den Raum bewegen. Dann wieder sollen zwei Personen mit unterschiedlicher Stimmung miteinander interagieren, immer mit dem deutlichen körperlichen Ausdruck ihrer Emotion.
Zusätzlich können Emotionsabstufungen von 1–3, eingeführt werden (z. B. Wut: 1=verärgert, 2=wütend, 3=ausrastend). Die Stufenzahlen werden nach jedem Musikstopp neu angesagt.

Dirigent

- **Intention:** Spielen mit Gestik
- **Arbeitsform:** Kleingruppen
- **Material:** evtl. Musik

Ein Schüler jeder Kleingruppe von vier bis sechs Teilnehmern ist der Dirigent. Er steht frontal zu den anderen und dirigiert sie durch Gestik und Handzeichen durch den Raum. Er winkt sie zu sich, stoppt ihre Bewegung durch aufgestellte Handflächen, er lässt sie auf- und abspringen, sich ducken, zur Seite gehen, sich drehen, usw. Der Fantasie der Gestik sind dabei keine Grenzen gesetzt, das Bewegungsorchester „gehorcht“ den Vorgaben.
Jeder darf sich einmal als Dirigent erproben. Untermalung mit entsprechender Musik kann hilfreich sein. Schwierig, aber sehr effektvoll ist es, wenn ein Dirigent mit zwei Gruppen gleichzeitig arbeitet. Während Gruppe A heran gewinkt wird, wird Gruppe B zurückgewiesen. Gruppe A muss sich drehen, während die Teilnehmer von B auf den Boden stampfen etc.

Begegnung

- **Intention:** Emotionen gestisch, mimisch und körperlich ausdrücken
- **Arbeitsform:** Gassenpartner

Die Schülerinnen stehen in einer sechs bis acht Meter breiten Gasse einander gegenüber. Die Grundaufgabe besteht darin, in einer vorgegebenen psychischen Verfassung von einer zur anderen Seite zu wechseln und dabei in der Mitte bei der Begegnung der Gassenpartnerin diese kurz zu begrüßen. Besonders bei der mehr oder weniger intensiven Begegnung soll die eigene Befindlichkeit über Körperhaltung und Bewegung sowie mimisch und gestisch deutlich ausgedrückt

werden. Bei jedem Seitenwechsel wird zum Start vorgegeben unter welchem Stimmungsumstand die Begegnung stattfindet: Zwei alte Schulfreunde begegnen sich, zwei Verliebte, man ist böse, eifersüchtig, gespannt auf denjenigen, den man trifft, man ist gut gelaunt, schüchtern, eisig, gehetzt, misstrauisch, gespielt freundlich, desinteressiert, ...
Die Partner können wechseln, indem die Gassenpositionen verändert werden. Beide Seiten können auch unterschiedliche Vorgaben bekommen, was die Begegnung skurril macht.

Pantomime-Memory

- **Intention:** Ausdrucksmöglichkeiten des Körpers erproben
- **Arbeitsform:** Gesamte Gruppe
- **Material:** Karten (immer zwei gleiche) mit Darstellungsvorgaben

Zwei Schüler sind die Spieler bzw. die Rater. Die anderen ziehen jeder eine Memorykarte, so dass immer zwei Schüler dasselbe (evtl. unterschiedlich) pantomimisch umsetzen. Alle beginnen nun gleichzeitig ihre Pantomime vorzuführen. Meint einer der beiden Spieler ein Pärchen entdeckt zu haben, ruft er „Stopp" und die beiden zeigen ihre Karten, die dann der Spieler als Punkte erhält.
Erschwernis: Es sind auch Einzelkarten im Spiel.
Man kann auch wechselweise wie beim bekannten Memory-Spiel die Karten aufdecken, d. h. hintereinander auf zwei Teilnehmer zeigen, die ihre Darstellung vorführen. Stellen sie Gleiches dar, gehen die Punkte an den Rater, wenn nicht, bleiben sie im Spiel.

Je nach Alter der Schüler sind die Darstellungsaufgaben unterschiedlich: Vom fauchenden Tiger, Dracula, Singen im Chor, Zähneputzen über Geschirrspülen, Wäsche aufhängen, Tanken an der Zapfsäule, Kasperletheater bis hin zum Kapitän, Angler, Tourist oder Funkenmariechen.
Variation: Die Kinder ziehen Karten, auf denen steht, was sie darstellen sollen. Sie stellen z. B. ein Tier in der Fortbewegung dar u müssen ihr Partnertier finden.

Pantomimische Abenteuer-Reise

- **Intention:** Ausdrucksmöglichkeiten mit Gefühl und Fantasie gestalten
  Bezug zu weiteren Förderbereichen: Sozialkompetenz
- **Arbeitsform:** Gesamte Gruppe

Immer zwei Kinder bewegen sich zusammen durch den Raum und tragen eine Kamera (Schaumstück) zwischen sich. Der Lehrer erzählt die Geschichte, bei „Kamera ab!“ machen die Schüler jeweils gegenseitig ein Foto vom Partner. Vor jeder Darstellung (Foto) soll sich jeder überlegen, welche Gefühle die aktuelle Situation (also der letzte Satz) in ihm auslöst und wie er das übertrieben darstellen kann.

- Stellt euch vor, ihr lauft durch eine Wüste in Afrika. Es ist sehr heiß, die Kamera wird immer schwerer.
- Ihr habt schrecklichen Durst und kaum noch Kraft. *Kamera ab!* Erschöpft/Durstig
- Da seht ihr am Horizont Palmen und einen See in der Mitte. Ihr freut euch auf einen Schluck Wasser *Kamera ab!* Freude/Hoffnung
- Ihr rennt auf die Oase zu und freut euch schon darauf ins Wasser zu springen, da merkt ihr, dass es nur eine Fata Morgana war. *Kamera ab!* Enttäuschung/Wut/Trauer
- Ihr setzt euch in den Sand und seid sehr verzweifelt, da hört ihr plötzlich einen Jeep. *Kamera ab!* Freude/Hoffnung
- Es ist euer alter Freund Safari-Bill. Macht doch ein Foto von ihm und euch! *Kamera ab!* Freude
- Safari-Bill fährt euch zur nächsten Oase. Ihr stürmt aus dem Jeep und springt direkt ins Wasser. *Kamera ab!* Freude/Ausgelassenheit
- Ihr löscht euren Durst und plantscht im Wasser herum. *Kamera ab!* Entspannung/Freude
- Da merkt ihr, dass ihr Hunger bekommt. Der Magen fängt an zu knurren. *Kamera ab!* Hungrig
- Der Hunger wird so stark, dass der Bauch schon richtig weh tut. *Kamera ab!* Hunger/Schmerz
- Da seht ihr einen kleinen Schuppen. Ihr schaut hinein und seht dort zwei Angeln stehen. Ihr braucht aber noch Köder und grabt deshalb ein paar glitschige Würmer aus. *Kamera ab!* Ekel

- Nachdem die Würmer am Haken sind, sitzt ihr mit der Angel am See und wartet bis ein Fisch anbeißt. *Kamera ab!* Angespannt / erwartungsfroh
- Schon seit einer Stunde sitzt ihr dort und es hat bisher kein Fisch angebissen. *Kamera ab!* Gelangweilt
- Plötzlich zieht es gewaltig an der Angel. Es muss ein riesiger Fisch sein. Ihr müsst euch furchtbar anstrengen, dass der Fisch die Angel nicht ins Wasser zieht. *Kamera ab!* Angestrengt
- Nach langem Kampf habt ihr den Fisch aus dem Wasser gezogen und posiert nun stolz mit dem Fisch. *Kamera ab!* Stolz
- Ende offen ...

Gefühlsstatue

- **Intention:** Emotionen über Körperposen ausdrücken
- **Arbeitsform:** Partner
- **Material:** Musik (Variation)

Die Schüler arbeiten paarweise zusammen, indem einer den anderen in eine Statue modelliert. Die Statue soll durch ihre Pose ein Gefühl oder eine Stimmung symbolisieren. Der Modelleur überlegt für sich vorher entsprechend einen Titel, z. B.: Der Nachdenkliche, der Sieger, Verzweiflung, Schreck, o. ä. Derjenige, der modelliert wurde, fühlt sich in die Figur hinein und rät, was sie darstellt. Er behält die Position weiterhin bei, denn nun gehen alle Modelleure herum, betrachten die verschiedenen Skulpturen und raten ihre Titel. Auf Zeichen bleiben sie bei der Skulptur stehen, die sie gerade betrachten und müssen diese nun in eine neue und vom bisherigen Gefühl eher gegensätzliche Figur bringen. Also wird z. B. „der Starke“ in „der Ängstliche“ verwandelt. Nach dem Hineinfühlen

und Erraten der neuen Pose reflektiert der Modellierte die von ihm wahrgenommenen Unterschiede der beiden Skulpturen.

- Rollenwechsel
- Die „Skulpturen“ können auch die Augen schließen und müssen sich so noch stärker in die Pose hineinfühlen

Variation: Statuentanz

Die Partner bilden zusammen eine Statue mit einem Kontaktpunkt. Beim Einsetzen sanfter Musik bewegen sie sich mit wechselndem Kontaktpunkten in der Höhe und auf dem Boden wie Schlangen umeinander, bei Musikstopp verharren sie als Statue, bis die Musik wieder einsetzt. In der Weiterführung werden bei den Stopps Gefühlsbegriffe wie Trauer, Stolz, Schreck etc. eingegeben. Die Partner sollen nun ihre gemeinsame Pose im Sinne der Vorgabe etwas verändern und wieder erstarren bis erneut Musik einsetzt.

Heinzelmännchen

- **Intention:** Alltagstätigkeiten pantomimisch darstellen. Kreativer Bewegungsausdruck durch Imagination von Gegenständen
- **Arbeitsform:** Kleingruppen

Die Schüler finden sich in Gruppen mit ca. sechs Teilnehmern zusammen. Auf ein Signal laufen sie schnell trippelnd als Heinzelmännchen in einen abgegrenzten Raum und jeder beginnt sofort eifrig mit seiner Heinzelmanntätigkeit, die er sich erdacht hat oder die ihm vorgegeben wird z. B. durch Zettel ziehen, auf dem eine Tätigkeit abgebildet oder aufgeschrieben ist. Handwerkliche und Hausarbeitstätigkeiten sind gefragt. Die Heinzelmännchen pointieren ihre Tätigkeiten pantomimisch, bis der Ruf „die Meisterin kommt“ erschallt, dann müssen alle in ihrer Tätigkeit erstarren. Immer zwei Heinzelmännchen blicken sich an und müssen vom anderen erraten in welcher Tätigkeit er erstarrt ist bzw. darf die Tätigkeit auch noch einmal pantomimisch dargestellt werden. Nach dem richtigen Raten tauschen beide ihre Rollen, es ertönt „die Meisterin ist weg“ und alle Heinzelmännchen sind wieder fleißig, bis wieder „die Meisterin kommt“. Bei drei bis vier Wiederholungen haben alle Schüler mehrere Rollen eingenommen, für einen erneuten Durchgang werden dann neue Ausgangstätigkeiten genommen.

Erweiterung: Jeder stellt sich vor, er wäre eines von den handwerklichen oder hauswirtschaftlichen Geräten, die er als Heinzelmännchen benutzt hat: ein Besen, ein Putzlappen, eine Säge, ein Hammer etc. und versucht diesen Gegenstand allein, dann in Beziehung zu einem Partner-Gegenstand darzustellen. Gegenseitiges Paare-Raten: „Was stellt ihr dar?“ –„Ein Putzlappen um den Griff eines Besens gewickelt?“ Partnerwechsel

Stadttor-Wächter

- **Intention:** Körper und Bewegung als Darstellungsmittel wahrnehmen und einsetzen
- **Arbeitsform:** Gesamte Gruppe

Zwei bis drei Wächter stehen am Tor einer verwunschenen Stadt auf einer Linie. Alle anderen sind Wanderer, die in die Stadt gelangen wollen. Sie gehen von der gegenüberliegenden Seite des Raumes auf die Wächter zu und rufen: „Wächter, Wächter, lasst uns ein!“ Circa zwei Meter vor den Wächtern bleiben sie stehen (Zone kann durch Matten markiert werden) und die Wächter antworten mit der Frage: „Wer seid ihr und was könnt ihr?“ Nun stellen die Anderen gemäß ihrer vorhergehenden Absprache pantomimisch dar, was sie sind bzw. können. Es können handwerkliche Tätigkeiten, aber auch Tiere, Pflanzen oder Gegenstände dargestellt werden. Sobald ein Wächter durch Zuruf das Richtige erraten hat, flüchten die Wanderer hinter ihre Startlinie. Schafft es ein Wächter vorher einen Wanderer abzuschlagen wird dieser zum weiteren Wächter.

Gefühlssuche

- **Intention:** Einen Gefühlszustand über Körperhaltung, Bewegung und Mimik ausdrücken bzw. an Anderen erkennen
- **Arbeitsform:** Gesamte Gruppe
- **Material:** Kärtchen mit beschriebenen Gefühlen für Darsteller und Sucher

Es geht darum, ein vorgegebenes Gefühl darzustellen bzw. als Sucher die Person herauszufinden, die genau dieses Gefühl darstellt. Dazu gibt es zu jedem Gefühl eine „Suchen: ...“- und eine „Darstellen: ...“-Karte. Jeder Teilnehmer zieht pro Durchgang eine Karte und muss nun im Raum herum gehen und dabei körperlich und mimisch das vorgeschriebene Gefühl ausdrücken bzw. muss als Sucher umhergehen und den Körperausdruck der verschiedenen Mitspieler beobachten und versuchen dabei „sein Gefühl“ zu finden.

Gefühle/Stimmungen: Angst, Erstaunen, Erleichterung, Zweifel, Freude, Trauer, Ausgeglichenheit, Ärger, Zuneigung, Scham, Nervosität.

Vor jedem Durchgang wird neu gemischt bzw. es werden auch Kartenpaare durch weitere ersetzt.

Variation:

Alle ziehen nur Darstellungsaufgaben und jeder muss die Darstellung des Gegensatzes von sich selbst finden. Dazu sind die Karten entsprechend als Gegensatzpaare konzipiert: Neugierig – desinteressiert, fröhlich – traurig, freundlich – abweisend, misstrauisch – vertrauensvoll, ängstlich – mutig.

Wachsfigurenkabinett

- **Intention:** Ausdrucksstarke Körperpositionen finden, pantomimisch eine Rolle einnehmen
- **Bezug zu weiteren Förderbereichen:** Sozialerfahrung
- **Arbeitsform:** Kleingruppen

Vier bis sechs Schüler sind in einer Gruppe. Ein Schüler ist Modellbauer und modelliert die anderen als Wachsfiguren in eine Szene aus dem Alltagsleben, die er sich ausgedacht hat (oder die ihm vom Lehrer zur Auswahl gegeben wurde). Die Gruppe muss nun zunächst herausfinden, welche Szene sie darstellt.
Ist das geschehen, ruft der Modellbauer: „Aufwachen“ und die Wachsfiguren werden lebendig. Pantomimisch agieren sie, es entsteht eine neue Szene oder Geschichte, solange bis der Modellbauer „Wachsstarre“ ruft und alle in ihrer augenblicklichen Darstellung erstarren. Nun hat der Modellbauer die Aufgabe, mit entsprechenden Modellierungsmaßnahmen das Ende der Geschichte zu erfinden. War das Ende lustig, tragisch ... kann jeder sich damit identifizieren?

2.5 Unterrichtsbeispiele zur Körpererfahrung

2.5.1 Unterrichtsbeispiel zur Selbstwarhnehmung

- **Thema:** Förderung der psychomotorischen Selbstwahrnehmung

- **Intention:** Den eigenen Körper durch Vorstellungs- und materialgeleitete Bewegungsvariationen in unterschiedlichen Befindlichkeiten wahrnehmen und erleben

Einstieg und Hinführung zum Thema: Fangspiel **„Pöbelmän und „Angstmän"** (Variation von Puddingmann und Muskelprotz, S. 17)
Es gibt zwei Fänger, die miteinander konkurrierend versuchen müssen, mit ihren Zauberschaumstücken so viele Kinder wie möglich anzuticken. Durch Fänger A werden die angetickten Kinder in Pöbelmäns verwandelt, durch Fänger B in Angstmäns. Als Pöbelmän bewegt man sich kraftstrotzend und herausfordernd durch den Raum, als Angstmän schlotternd und zitternd vor Angst.
Dieses Spiel dient mit zwei- bis dreimaligem Fängerwechsel als „warming up" und führt unbewusst durch die körperlichen Gegensätze in das Thema ein.
Erarbeitung des Themas:
Das dann folgende Spiel **„Was wäre wenn ..."** (S. 17) thematisiert das sich Hineinfühlen in Bewegungen aufgrund gedanklicher Vorstellung. Die Grundaufgabe, sich einfach kreuz und quer durch den Raum zu bewegen, wird von jedem Einzelnen immer wieder individuell verändert und gestaltet, angeregt durch die Impulse der Spielleiterin: „was wäre wenn ... du z. B. leicht wie eine Feder, $^1/_2$ Meter kleiner, drei Mal so dick, ganz aus elastischem Gummi, ganz aus Eisen, Glas, Quallenglibber ... wärst? Es geht darum zu spüren wie ich mich wohl bewegen würde, wenn ich aus elastischem Gummi oder Quallenglibber wäre, wie fühlen sich diese Bewegungen an, wie gefallen sie mir. Die Vorstellung leitet die Bewegung, die Bewegungen und die Vorstellungen lösen Empfindungen aus.
Reflexion: Im Kreisgespräch kann jedes Kind mitteilen, wie es die Vorstellungsbilder empfunden und umgesetzt hat. Das Spiel wird evtl. wiederholt, um von der Darstellungsebene stärker zur Empfindungsebene zu gelangen.
Arbeiten am Thema:
Anschließend erfolgt im **Stationenbetrieb** eine materialgeleitete Variation von **vier Vorstellungsbildern aus dem Spiel „was wäre wenn ..."**

1. Was wäre wenn ich leicht wie eine Feder wäre.
2. ... meine Knochen aus Eisen und ich ganz schwer wäre.
3. ... ich aus festem elastischem Gummi wäre.
4. ... zwei bis drei Mal so dick wäre wie ich bin.

Drei bis vier Kinder finden sich in Kleingruppen zusammen.

Jede Gruppe soll mit frei wählbarem Gerät und Material eine Station mit einer Bewegungsaufgabe entwickeln, die das Bewegungsgefühl von „was wäre wenn …“ unterstützt und noch deutlicher empfinden lässt.
Jede Gruppe entwickelt ihre Station. Zunächst muss gemeinsam überlegt werden, welches Bewegungsgefühl unterstützt werden soll, was soll besonders empfunden werden: Die Schwere beim Eisen oder die Unbeholfenheit oder …? Durch welches Gerät/Material und durch welche Bewegungsaufgabe können wir das unterstützen? Nach Erstellung und Erprobung der eigenen Station probiert jede Gruppe auch die drei anderen Stationen aus.
Reflexion im Kreisgespräch.

Falls es den Kindern noch schwer fällt, selbstständig eine Station zu entwickeln kann das Material pro Station vorgegeben und evtl. ein Impuls mit hinein gegeben werden. Oder die Stationen werden ganz vorgegeben, können aber weiterentwickelt werden:
Zum Beispiel:
Station 1(Federleicht): unterschiedlich hohe Kästen mit dicken
Matten davor, Chiffontücher
- mit einem Chiffontuch in jeder Hand und als Flügel ausgebreiteten Armen vom Kasten springen
- vom Kasten aus ein Chiffontuch hochwerfen und nach oben zum Tuch vom Kasten hinab springen

Station 2(Eisenschwer): Mattenbahnen
- ein Kind stellt sich auf die Füße des anderen und hält sich an ihm fest, so dass dieses nun mit dem Gewicht des Partners gehen muss
- zwei Kinder nehmen gemeinsam eine Matte auf den gekrümmten Rücken und gehen mit diesem Gewicht bis ans Ende der Mattenbahn

Station 3(Gummi-elastisch): sich mit großen Pezzi- oder Sitzbällen sitzend oder liegend zwischen zwei eng parallel gestellten Langbänken hindurch bewegen
Station 4(Dick): sich so viele Schaumstücke wie möglich unter das T-Shirt stopfen (wichtig: auch unter den Armen) und damit über eine kurze Hindernisbahn balancieren. Von beiden Seiten der Bahn wird gleichzeitig begonnen, so dass immer zwei Schülerinnen sich in der Mitte begegnen und aneinander vorbeikommen müssen, ohne herunter zu fallen.

Abschluss: Fantasiereise
Alle Kinder liegen auf Matten und es wird eine Fantasiegeschichte erzählt, die die Imagination der Leichtigkeit zum Thema hat. Z. B. was ein kleines Herbstblatt oder ein Ballon alles auf einer Reise im Herbstwind erlebt. Hier werden noch einmal Körperempfindungen allein durch die Vorstellungskraft provoziert.

2.5.2 Unterrichtsbeispiel zur Selbstwahrnehmung über Fremdwahrnehmung

- **Thema:** Körperbrücken, Selbst-Fremdwahrnehmung
- **Intention:** In „Miteinander"-Situationen geht es darum, das Gemeinsame, das gegenseitige Teilen, die gegenseitige Abhängigkeit und Unterstützung körperlich direkt zu erfahren und aktiv zu gestalten. Die eigene Körperwahrnehmung verfeinert sich über die Wahrnehmung und Gestaltung der komplementären Verbindung mit dem Partner.

Einstieg und Hinführung zum Thema: Dreibeinlauf
Paarweise haben die Schülerinnen sozusagen nur drei Beine zur Verfügung, weil ein eigenes Bein mit dem der Partnerin durch ein Seilchen eng verbunden ist. Beide üben zunächst einmal auf diese Weise gemeinsam zu gehen, eine gemeinsame Bewegung muss gefunden werden.
Wenn die Fortbewegung der Paare gelingt, kann ein Fangspiel daraus gestaltet werden. Unter dieser „Stress"-Situation ist es schwieriger, aber auch besonders wichtig die Partnerin sozusagen immer „mit zu denken", sich in der gegenseitigen Verbindung wahrzunehmen und abgestimmt auf diese Gemeinsamkeit sich zu bewegen.

Erarbeitung des Themas: Die lange Fußbrücke (S. 33)
Als Vorübung kann die „halbe" Brücke erst einmal einzeln kurz an der Wand geübt werden, um die Grundhaltung einmal zu erspüren. Vor dem Spiel sollte die Zweier-Brücke mehrfach mit verschiedenen Partnern erprobt werden.

Vertiefung des Themas: Schwingbrücken-Bau
Partnerweise entwickeln die Schüler eigenständig Brücken, die aus ihren beiden Körpern in Verbindung miteinander bestehen. Kriterien: Jede Brücke muss eine Einheit bilden, ein Teil muss mit dem anderen so zusammenhängen, dass es alleine umstürzen würde. Die Brücke muss im Sturm leicht schwingen können, hat also ein gemeinsames Gleichgewicht, was ständig gehalten werden muss. Die Paare gehen von Station zu Station. Dort können jeweils zwei bis drei verschiedene Brücken ausprobiert werden, ihre beste merkt sich jedes Paar.

Station I: Den Graben zwischen zwei kleinen Kästen überbrücken
Station II: Die Lücke zwischen zwei Matten überbrücken
Station III: Eine Brücke über einen kleinen Kasten schlagen
Station IV: zwei parallel gestellte Bänke durch eine Brücke verbinden, deren Mittelstück ein großer Pezziball ist.

An jeder Station ist so viel Material vorhanden, dass mehrere Paare gleichzeitig ihre Brücken konstruieren können. Stationswechsel auf Anweisung.

Präsentation:
Jedes Paar führt eine von seinen gefundenen Brücken vor. Applaus. Stimmten alle Kriterien?

Schluss-Reflexion

2.5.3. Unterrichtsbeispiel zur Selbstwahrnehmung über Fremdwahrnehmung

- **Thema:** Rückenbegegnungen
- **Intention:** In unterschiedlichen Kontaktaktionen mit Partnern den anderen und sich selbst über den Rücken in verschiedenen Facetten wahrnehmen

Einstieg: Sanitäterfangen
Dieses Spiel dient als warming-up für das körpernahe Interagieren im Stundenschwerpunkt. Es gibt zwei Fänger; abgeschlagene Läufer sinken zu Boden und können sich nicht mehr bewegen. Sie können aber von anderen Läufern gerettet werden, indem diese sie zu einer dicken Weichbodenmatte in der Hallenmitte befördern und dort ablegen. Zur Beförderung sind mindestens zwei Sanitäter, die die Arme und Beine des Verletzten fassen, nötig. Während einer Sanitäteraktion darf man nicht gefangen werden.

Einführung ins Thema: Rückenaufstand
1. Partnerweise setzen sich die Schüler Rücken an Rücken und haken sich mit den Armen ein. Die Beine stehen angewinkelt, Füße nah am Körper. Aufgabe ist es nun, durch gleichzeitigen Druck gemeinsam in den Stand zu kommen. Umgekehrt sollen beide wieder in den Sitz kommen.
Wenn dieses ein paarmal flüssig hintereinander gelungen ist, soll die gleiche Aktion mit geschlossenen Augen durchgeführt werden. Gelingt die Aufgabe auch mit einem anderen Partner?
2. Zwei Paare kommen zusammen und versuchen den gemeinsamen Aufstand zu viert.
(3.) Wenn der Aufstand in der Vierergruppe schon gut klappt, kann die Teilnehmerzahl für einen Aufstand immer weiter erhöht werden.

Arbeiten am Thema:
1. **Bärentanz**
In einem abgegrenzten Raum, so dass jeder nur ein bisschen Bewegungsfreiheit hat, bewegen sich die Bärenjungen rückwärts. Immer wieder begegnen sie dabei einem anderen Bärenrücken und schubbern sich kurz mit diesem.
Nun setzt langsame Musik ein, die Bären stehen zu zweit Rücken an Rücken und spielen bei leichten Bewegungen mit Druck und Gegendruck. Ein Bären-Rücken-

tanz im Stand wird gestaltet; nach einer Weile geht der Tanz der wiegenden, kreisenden Rücken in die Fortbewegung über, wobei nicht festgelegt ist, welcher der beiden Bären führt; es ist ein wechselndes Spiel in ruhigen, fließenden, gemeinsamen Bewegungen. „Fortgeschrittene“ können dabei auch die Augen schließen.
Wenn möglich wird der Bären-Rückentanz noch einmal mit einem anderen Partner durchgeführt, so dass Unterschiede in der Fremd- und Eigenwahrnehmung gespürt werden.

Reflexion

Was habe ich vom Anderen bei mir gespürt? Gab es unterschiedliche Arten von Bewegungen, wie haben sie mir gefallen? Konnten wir den Tanz als Spiel gestalten, genießen? ...

2. **Rückendrücken** (S. 36)

Hier geht es um die Eigenwahrnehmung über die intensive Widerstandserfahrung durch einen Partner.
Zunächst wird mit dem **Rückenschieben** begonnen. Dieses wird dann nach dem freien Experimentieren mit dem Partner in **Staffelform** durchgeführt: Ein Schiebepaar von einer Gruppe ist bis zu einer Markierung unterwegs, dort werden die Rollen getauscht und zur Gruppe zurückgeschoben, wo die beiden Teppichfliesen an die nächsten übergeben werden.

Anschließend werden Erfahrungen beim **Rückendrücken** mit Partnern gesammelt.

Reflexion

Gruppenwettkampf:

Wenn die Schüler mögen, bildet das Rückendrücken im Gruppenwettkampf den Abschluss dieser Arbeitsphase. Wenn nicht, wird der ruhigere Abschluss intensiviert.

Abschluss: Wellenbank (S. 37)

Als Variation des Themas bietet sich zum ruhigen Abschluss die Wellenbank an, bei der die Eigenwahrnehmung als Entspannung durch den warmen, schaukelnden „Bank“untergrund erfahren wird.

2.5.4 Unterrichtsbeispiel zu Körperausdruck

- **Thema:** Nacht im Museum; Erfahrung eigener körperlicher Ausdrucksmöglichkeiten
- **Intention:** Über die gestische und mimische Darstellung von Tieren sollen die eigenen körperlichen Ausdrucksmöglichkeiten erprobt und differenziert werden

Einstieg:
Das **Spiel** „Stadttorwächter“ (S. 48) wird zur Einstimmung auf das Thema in **„Forscher, Forscher dürfen wir in dein Museum?“** umgewandelt. Die Tiere rufen diese Frage dem Forscher für Urzeittiere auf der anderen Hallenseite zu. Auf Gegenfrage des Forschers „Was für ein Tier seid ihr denn?“ nennen sie das Tier und bewegen sich mimisch und gestisch das Tier darstellend auf den Forscher zu: z. B. als galoppierendes Schwimmpferd, grimassierender Ur-Affe, laufender Vogel, kreuzbeinig hüpfendes Känguru. Sind sie in der markierten Zone vor dem Forscher angekommen, darf dieser plötzlich loslaufen, um ein Tier zu fangen. Die Tiere, die sich nicht mehr hinter ihre Ausgangslinie retten konnten, werden zu weiteren Forschern.

Einführung in das Thema: Im Tiermuseum
Im Raum verteilt werden Matten als Vitrinen ausgelegt, jede Vitrine bekommt ein Schild mit einem Wort oder einer Zeichnung für das ausgestopfte Tier, was sich darin befinden soll. Insgesamt gibt es sechs Tiere: Dinosaurier, Flamingo, Eule, Bär, Pinguin und Affe. Paarweise gehen die Schüler von Vitrine zu Vitrine und versuchen abwechselnd das entsprechende Tier in verschiedenen Positionen darzustellen. Von der ausdrucksstärksten Darstellung macht der Partner jeweils pantomimisch ein Erinnerungsfoto.

Reflexion in der Gruppe: Wie kann die Darstellung möglichst ausdrucksstark gestaltet werden?
- genaue Position aus einer vorgestellten Aktion, Muskelspannung, Mimik ... an konkreten Beispielen.

Arbeiten am Thema: Gestische und mimische Darstellung zu einem Text (Gedicht oder Geschichte, S. 40)
Geschichte: Eine wundersame Nacht im Tiermuseum
Während die Geschichte erzählt wird, setzen die Schülerinnen den Text pantomimisch um. Die Geschichtenerzählerin fungiert mit einer Taschenlampe gleichzeitig als Nachtwächter. Alle Schülerinnen verteilen sich zunächst auf die Vitrinen und stellen in einer erstarrten Position das dort ausgestopfte Tier dar.
Inhalt: Nachdem der Museumswärter noch einmal am Tagesende alle Vitrinen kontrolliert hat, löscht er das Licht und es ist dunkel im Museum. Plötzlich geschieht etwas Merkwürdiges: Die Tiere spüren wie sie ganz allmählich lebendig werden, spüren immer mehr von ihrem Tierkörper, können immer mehr bewegen. Kopf, Gesichtsmuskeln, Beine ... Langsam fangen sie an sich fortzubewegen, steigen aus ihrer Vitrine.
Mal wird vorgegeben, was alle Tiere machen: Neugierig von Vitrine zu Vitrine bewegen, sich vor anderen Tieren erschrecken, anderen Tieren drohen ... Mal gibt es Vorgaben für einzelne Tiere: Der Dino schmatzt laut und stampft schwerfällig auf, der Affe tollt ausgelassen und zähnefletschend umher, der Bär tanzt mit dem Flamingo, die Eule hüpft hinter dem watschelnden Pinguin her, der Affe bekommt Angst vor dem Bären, rennt weg und versteckt sich ...

Nach einer Weile hören die Tiere plötzlich den Nachtwächter kommen und rennen oder fliegen angespannt und angstvoll herum. Der Nachtwächter sieht die Tiere im Dunkeln nicht, er sieht nur das, was vom Lichtkegel seiner Taschenlampe angeleuchtet wird. Und die Tiere sind clever: Wenn ein Tier vom Licht der Taschenlampe erfasst wird, erstarrt es in seiner tiertypischen Position, danach bewegt es sich weiter, schnell weg vom Nachtwächter. Der Nachtwächter hat ein mulmiges Gefühl und leuchtet alles ab, aber er merkt die Lebendigkeit der Tiere nicht und geht schließlich beruhigt wieder hinaus. Die Tiere freuen sich, bewegen sich wieder entspannt, werden dann aber immer langsamer; sie merken, es wird Tag und sie müssen wieder in ihre Vitrinen. Ihr Nacht-Leben erlischt.

Spiel: Der Nachtwächter kommt
Die Nachtwächterszene wird noch einige Male gespielt, wobei die Schülerinnen jedes Mal beim Start die Vitrine wechseln, um in die Rolle eines anderen Tiers zu schlüpfen. Pro Durchgang darf ein anderes Kind Nachtwächter sein, der, wenn er ein Tier anleuchtet und es erstarrt ist, sagen muss, um welche Darstellung es sich handelt. Ist die Darstellung nicht ausdrucksstark und eindeutig erkennbar, muss das Tier in seine Vitrine.
Reflexion: Was ist schwieriger darzustellen, die Bewegung des Tieres oder die erstarrte Position?

Vertiefung des Themas:
Die Tiere des Museums planen eine interne **Nacht der Vorführungen:** Immer drei Schülerinnen denken sich ein Tier aus, dass sie in gemeinsamer Bewegungsaktion, die in der Erstarrung (auf einer „Vitrinen"-Matte) endet, darstellen. Alle Dreiergruppen überlegen die genaue Darstellung, üben kurz für sich, danach folgt die **Abschluss-Vorstellung** vor allen Anderen. Jede Gruppe bekommt zunächst Applaus, erst danach wird laut geraten, welches Tier sie dargestellt haben.

2.5.5 Unterrichtsbeispiel zu Körperausdruck

- **Thema:** Gefühle und ihr körperlicher Ausdruck
- **Intention:** In Bewegungsaktionen unter Einbezug ausgewählter Materialien den eigenen Körper als Ausdrucksmittel von Gefühlen und Stimmungen erfahren

Einstieg: Mutmän und Angstmän
Bei diesem ins Thema führende Spiel werden die Gefühle Angst und Mut thematisiert. Die Spielidee entspricht dem Spiel „Puddingmann und Muskelprotz" (S. 17), nur dass die Kinder hier in Mutmäns oder Angstmäns verwandelt werden. Angstmäns bewegen sich zitternd, geduckt huschend durch die Gegend, während Mutmäns sich aufrecht herausfordernd mit wachem Blick und leicht erhobenen muskulösen Armen fortbewegen. --- Als Variation können auch „Glückspilz" und „Trauerkloß" zur Verwandlung eingeführt werden.

Arbeiten am Thema: Mutige Medizinbälle und fröhliche Tücher (S. 41)
Die Gefühle Freude, Wut, Trauer, Angst und Mut werden hier in ihrem körperlichen Ausdruck thematisiert. Die Materialien helfen, verschiedene Aktionen und Ausdrucksformen eines Gefühls zu finden und zu erleben.

Reflexion des Erlebens und der verschiedenen gefundenen Ausdrucksformen.

Vertiefung des Themas:
In Kleingruppen entwickeln die Kinder eine Bewegungsgeschichte, in der einige oder alle thematisierten Gefühle vorkommen und mit Hilfe des vorher benutzten Materials körperlich ausgedrückt werden. Jede Gruppe spielt ihre Geschichte anschließend einmal mit ihrer Partnergruppe aktiv durch. Für die Gestaltung des Umfelds ihrer Geschichte können die Schüler Matten, Bänke und Kästen verwenden. Erleichternd kann es sein, wenn für die Geschichte ein Titel vorgegeben wird, z. B. „Eine Nacht im Gebirge“ oder „Der Hund Flecki ist entlaufen.“

Reflexion

Abschluss: Entspannende Ballmassage:
Alle Kinder legen sich in Bauchlage nebeneinander auf eine Mattenbahn. Ein oder zwei große Pezzibälle werden auf ihnen hin und her gerollt. Die Bälle sind mal fröhlich wippend und mal mutig schnell und fest rollend bis sie langsam müde werden.

3. Sozialerfahrung

Soziale Erfahrungen verschiedenster Art werden ständig bewusst und unbewusst in allen sozialen Kontexten gemacht.
In der Sozialerfahrung als Förderbereich psychomotorischer Entwicklungsförderung geht es um Sensibilisierung, Erfahrung, Gestaltung und Reflexion von angemessenem Interagieren und Kommunizieren mit Anderen in unterschiedlichen sozialen Situationen.
Über motorisches Interagieren und körperliches Mit- und Gegeneinander werden soziale Bezüge wie zum Beispiel Vertrauen und Verantwortung oder notwendige Gemeinsamkeit und Abstimmung zum Gelingen einer Aufgabe etc. in sehr konkreter Form erlebbar. Über interaktives Handeln werden Handlungskompetenzen in sozialen Kontexten und Situationen aufgebaut; solche Interaktionsprozesse werden über Spiele und Übungen zur Sozialerfahrung angeboten, erfahrbar und gestaltbar gemacht; über diese Inhalte sollen konkrete soziale Kompetenzen in dieser Situation und darüber hinaus vermittelt werden.
Sozialerfahrung vollzieht sich immer in Wechselwirkung von individuellem und sozialem Erleben. Das bedeutet, dass je nach Anforderung der sozialen Situation ein entsprechendes Maß an Eigenwahrnehmung (siehe Kapitel Körpererfahrung) vorhanden sein und mit in die Interaktion eingebracht werden muss. Auf der anderen Seite kann die Bewältigung der interaktiven Aufgaben die Eigenwahrnehmung weiter ausdifferenzieren. Ein Kind, dass sich in seinem eigenen Körper nur unvollständig spürt, wird in der körperlichen Interaktion mit einem Partner bei zu komplexer Anforderung mit Unsicherheit, Angst oder Ablehnung reagieren, bei angemessenem Aufgabenniveau aber durch die körperliche Interaktion nicht nur den anderen, sondern auch sich selbst (vielleicht besser) spüren, was sich wiederum auf das soziale Verhalten auswirkt.
Körperwahrnehmung und -erleben sind von daher Grundlage sozialer Erfahrung, werden aber auch über körperorientierte Interaktionsprozesse erweitert, so dass eine Trennung von Körper- und Sozialerfahrung zum Teil analytischen Charakter hat. Sie ist didaktisch aber durchaus sinnvoll, denn der Förderschwerpunkt wird vordringlich in einem Bereich liegen. Bei der Sozialerfahrung werden bewusst verschiedene soziale Qualifikationen in den Fokus genommen und nicht nur „mitgedacht".
Folgende acht soziale Kompetenzen sollten (neben weiteren möglichen) in der psychomotorischen Förderung angesprochen und erfahrbar gemacht werden:

- Kontakt aufnehmen und halten können
- Sich an einen Partner anpassen können bzw. sich in einen Partner hineinversetzen können
- Sich in eine Gruppe einfügen können
- Sich einem oder mehreren Anderen anvertrauen bzw. umgekehrt Verantwortung/Fürsorge für eine andere Person übernehmen können
- Sich abgrenzen und behaupten können
- Einer anderen Person helfen bzw. sich helfen lassen können

- In Kooperation mit einem oder mehreren Teilnehmern eine Aufgabe lösen können
- Widersprüchliche Erwartungen/Frustrationen aushalten können

3.1 Spiele zur Förderung der sozialen Kompetenzen

Schatztausch

- **Intention:** Kontakt zu einem Mitspieler aufnehmen und sich nonverbal mitteilen können
- **Arbeitsform:** Gruppe
- **Material:** Verschiedene Kleinmaterialien, wie Steine, Wäscheklammern, Klötze, Kastanien

In der Halle verteilt, zum Beispiel auf verschiedenen Hindernissen liegen Schätze aus (Kleinmaterial wie Kastanien, Steinchen, bunte Chips, Holzperlen). Die Kinder laufen, klettern etc. durch die Halle und jeder sammelt dabei für sich 10 Schätze. Anschließend gehen alle Mitspieler mit ihren „Schätzen" in der Hand durch die Halle. Nonverbal versuchen sie untereinander verschiedene Schätze zu tauschen. Ziel ist es nun, am Ende möglichst viele gleiche Gegenstände zu besitzen und damit eine Kette zu legen.

Erweiterung: Schatz-Mandala

Nach dem Schatztausch finden sich vier Schülerinnen zusammen und setzen sich im Kreis hin. Immer eine Schülerin darf einen von ihren Schätzen in die Mitte legen, so dass allmählich ein Mandala entsteht. Es geht nicht der Reihenfolge nach, sondern über Blickkontakt wird abgemacht, wer als nächstes legt.

Multi- Kulti- Begrüßung

- **Intention:** Mit anderen durch Gestik in Kontakt treten
- **Arbeitsform:** Gesamte Gruppe

Jeder Mitspieler denkt sich eine Zahl zwischen eins und fünf aus und bewegt sich anschließend kreuz und quer durch den Raum. Begegnet ein Spieler auf seinem Weg einem anderen Mitspieler, so begrüßen sich die zwei und drücken mit ihrer Begrüßung nonverbal die gedachte Zahl aus, z. B. 3mal verbeugen oder 3mal ein Knie hochheben. Bei jeder Begegnung soll eine andere Begrüßungsart kreiert werden. Finden sich zwei Spieler mit gleicher Zahl, dann gehen sie gemeinsam weiter und begrüßen andere Teilnehmer, bis sich alle Personen mit derselben gedachten Zahl zusammengefunden haben. Nun überlegt sich jede „Zahl"- Gruppe eine Begrüßungsart, die sie den anderen vorführt, so dass diese dadurch die Zahl der Gruppe erfahren.

Klebemeister

- **Intention:** Über Material Körperkontakt aufnehmen und halten
- **Arbeitsform:** Kleingruppe
- **Material:** Bierdeckel

Die Mitspieler finden sich in 4er Gruppen zusammen. Jede Gruppe bestimmt einen „Klebemeister", der die Aufgabe hat, seine Gruppenmitglieder mit möglichst vielen Bierdeckeln aneinander festzukleben. Die Mitspieler müssen die betreffenden Körperteile so fest aneinanderdrücken, dass die Bierdeckel nicht herunter fallen. Pro Klebstelle darf nur ein Bierdeckel verwendet werden und

kein Spieler darf auf dem Boden liegen. Gewonnen hat die Gruppe, die die meisten Bierdeckel verklebt hat. Es kann auch mit Zeitvorgabe gespielt werden. Nach Ablauf des Zeitlimits stoppt der Klebemeister seine Tätigkeit, die Bierdeckel kleben nicht mehr, fallen zu Boden und können nun gezählt werden.

Variation: Würfeln

- Die Klebepunkte müssen erwürfelt werden: 1 = Arm, 2 = Hüfte usw. Eine Zahl bedeutet freie Wahl.
- Materialvariation: Sandsäckchen oder Schaumstücke.

Indianertänze

- **Intention:** Über Material kurze Zeit Kontakt zu wechselnden Partnern aufnehmen und halten
- **Arbeitsform:** Gesamte Gruppe
- **Material:** Reifen, Stäbe, rhythmische Musik

In der Halle verteilt liegen Reifen mit jeweils einem Stab darin. Aufgabe: Laufen durch die Halle → wenn Indianermusik einsetzt, paarweise einen Reifen besetzen und dort mit dem Stab verbunden einen gemeinsamen Indianertanz gestalten.
Eventuell müssen vorher einige Möglichkeiten der gemeinsamen Bewegung mit einem Stab verbunden vorgestellt und geübt werden. Als Variation bietet sich auch mit entsprechender Musik ein gemeinsamer „Schleier-“Tanz an, bei dem die Partner durch ein oder zwei große Tücher miteinander verbunden sind.

Wer ist mein Partner?

- **Intention:** Taktile Kontaktaufnahme
- **Bezug zu weiteren Förderbereichen:** Taktile Wahrnehmung
- **Arbeitsform:** Partner
- **Material:** z. B. BW-Tücher, Chiffon- Tücher, Seilchen, Kappen (zum Verkleiden/Markieren)

Alle Schüler haben die Augen geschlossen bzw. verbunden und werden „verkleidet“ oder „markiert“, indem sie z. B. eine Kappe aufgesetzt oder ein Tuch

um den Kopf/Hals/Arm gebunden bekommen, eine Wäscheklammer auf jede Schulter geknipst wird etc.
Jeweils zwei Schüler werden identisch „verkleidet“, so dass sich diese im Folgenden durch nonverbale taktile Kontaktaufnahme aller Schüler untereinander irgendwann finden müssen.
Variation: Alle Kinder haben die Augen geschlossen oder verbunden und jedes bekommt einen Gegenstand in die Hand. Es werden so Kleinmaterialien wie Tücher, Seilchen, Sandsäckchen, Schaumstücke und Tennisbälle verteilt. Nonverbal müssen durch taktile Kontaktaufnahme die anderen Teilnehmer mit den gleichen Materialien gefunden werden.

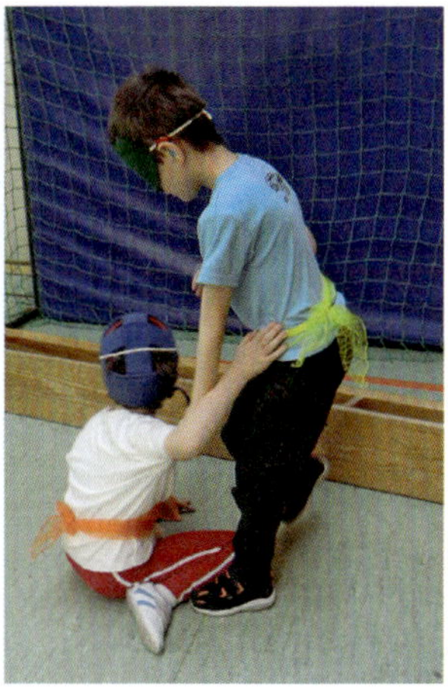

Heißer Reifen

- **Intention:** Aktives Agieren und Reagieren beim „Führen“ und „geführt werden“
- **Arbeitsform:** Partner
- **Material:** Reifen

Die Mitspieler bekommen pro Paar einen Reifen. Partner A hält den Reifen fest, während Partner B im Reifen steht, diesen aber nicht berührt (heißer Draht). Partner A bewegt sich jetzt durch den Raum und gibt mit dem Reifen Bewegungen und Bewegungsrichtungen vor, denen B sich anpassen muss und zwar so, dass er nie mit dem „heißen“ Reifen in Berührung kommt. Anschließend werden die Rollen getauscht.
In der Umkehrung der Führungsrolle gibt Partner B im Inneren des Reifens Bewegungen und Richtungen vor, denen Partner A folgen muss, indem er den Reifen immer so den Bewegungen von B anpasst, dass niemals eine Berührung stattfindet.

Quallentanz

- **Intention:** Kontakt über Material aufbauen und halten können, Bewegungen des Partners folgen, selber Bewegungen führen
- **Arbeitsform:** Partner, Gruppe
- **Material:** Reifen, ruhige Musik zur Unterstützung

Ein Paar hält mit den Fingerkuppen einen Reifen zwischen sich. Zwei bis drei Fingerkuppen je Hand werden dazu von außen an die Kante des Reifens gelegt. So werden die Partner zu einer großen Qualle, die sich durch den Raum bewegt. Dabei wird zunächst vorgegeben wer von den Beiden die Bewegungen führt und wer ihnen folgt. Beide sollen sich so bewegen, dass es immer eine gemeinsame Gesamtbewegung ist. Die Bewegung wird durch passende Musik unterstützt.

Erweiterung:

- die Qualle besteht aus 3 Personen
- Die Rolle des Führens und Folgens wird nicht festgelegt, sie verändert sich spontan
- Beide Partner haben die Augen geschlossen (das Führen und Folgen wird intensiver wahrgenommen)
- Der Reifen wird weggelegt und die Partner berühren sich mit den Fingerkuppen
- Zwei Gruppen finden sich zusammen und bewegen sich gemeinsam durch den Raum. Während der gesamten Aufgabe berühren sich ihre Fingerkuppen
- Welchen Einfluss hat Musik auf unser Führen und Folgen (Einsatz unterschiedlicher Musik im Wechsel)

Zeitungslauf

- **Intention:** Sich den Bewegungen des Partners anpassen
- **Arbeitsform:** Partner
- **Material:** Zeitung, Wäscheklammern

Die Mitspieler gehen paarweise zusammen. Zwischen beiden wird mit Wäscheklammern ein Zeitungsblatt befestigt, mit dem sie sich durch den Raum bewegen sollen, ohne dass die Zeitung reißt.

– Auf dem Boden wird ein Wegesystem aus Seilen gelegt, auf dem sich die Spieler fortbewegen müssen
– Es gibt ein Fängerpaar, dem die anderen ausweichen müssen
– Wettrennen/Staffel evtl. über eine Hindernisbahn aus kleinen Kästen

Spiegeln

- **Intention:** Partnerbewegungen genau beobachten und nachvollziehen
- **Arbeitsform:** Partner

Die Spieler stellen sich partnerweise einander gegenüber und Partner A stellt den Spiegel von Partner B dar. B macht Bewegungen vor, die A spiegelbildlich mitmacht. Um das Spiegeln zu erleichtern werden Themen vorgegeben: Morgens beim Waschen, am Frühstückstisch o. ä. Wichtig ist, die Bewegungen fast in Zeitlupe zu machen, damit der Partner mitkommen kann.

Erweiterung: Zerrspiegel

Alle Mitspieler stellen sich in einem Außen- und Innenkreis auf, so dass immer Zwei einander gegenüber stehen. Die Spieler im Innenkreis sind Akteure, die

zu vorgegebenen Themen (Gartenarbeit, sich morgens anziehen etc.) pantomimische Bewegungen machen. Die Außenstehenden sind Zerrspiegel, die diese Bewegungen verzerrt spiegeln, dabei darf sich jeder Spieler selbst immer neu aussuchen, auf welche Weise er die Bewegungen des Gegenübers verzerrt (mal langsamer, schneller, mal eckig, größer, kleiner usw.). Die Bewegungsakteure müssen herausfinden, auf welche Weise ihr „Spiegel" ihre Bewegungen verzerrt.
Die Positionen werden auf Signal gewechselt, indem die Spiegelbilder im Außenkreis eine Position nach rechts rücken und so einen neuen Akteur vor sich haben.
Nach fünf bis sechs Wechseln wird ein neues Thema vorgegeben, und die Zerrspiegel werden zu Akteuren, die Akteure zu Zerrspiegeln.

Variation: Spiegeltanz
Die Partner sitzen einander gegenüber. Zu langsamer Musik macht Partner A kleine Armbewegungen, später Kopf-, Rumpf- und Beinbewegungen. Partner B versucht diese langsamen Bewegungen fließend als Spiegel mitzumachen. Themen: Schlangenbeschwörer, Wasserpflanzen in der Strömung, Quallen ...
Spiegeltanz in der Gruppe: Alle Teilnehmer bilden eine Gasse, durch die sich ein Kind langsam nach der Musik hindurchbewegt. Die Gassenspiegel verzerren dabei seine Bewegungen in immer neuer Weise bis es am Ende der Gasse angelangt ist.

Magnetenlauf

- **Intention:** Sich in der Führen- und Folgenrolle in die Bewegung des Partners einfühlen und die eigene Bewegung darauf abstimmen
- **Arbeitsform:** Partner
- **Material:** z. B. Schaumstoffteile, Bierdeckel

Paarweise suchen sich die Kinder einen Gegenstand aus, den sie als Magneten, der sie beide verbindet, zwischen sich fixieren. Ein Partner führt die Bewegung an, der andere bewegt sich mit, ohne dass das Material herunterfällt. Zunächst besteht die Verbindung nur aus einem Magneten und der folgende Partner „klebt" mit einer Hand daran. Die Kontaktpunkte beim führenden Partner sollten immer wieder gewechselt werden: Kontaktpunkt Rücken, Po, linke Schulter usw. Später kann ausprobiert werden, mit zwei Magneten an verschiedenen Kontaktpunkten sich gemeinsam fortzubewegen oder mit einem Magneten verbunden zu sein, wobei der folgende Partner nicht mehr mit den Händen, sondern nun auch mit verschiedenen anderen Körperteilen am Magnet „klebt“. Nach Vorgabe werden die Rollen getauscht.

Erweiterung:

- der folgende Partner ist „blind“
- die Fortbewegung geht über eine Hindernisbahn
- als Staffelspiel
- als Fangspiel: Ein Paar ist Fänger
- Auf ein Signal hin fällt der Magnet zu Boden und derjenige Partner, der die Bewegungen vorgegeben hat, muss versuchen seinen Partner zu fangen. Dieser muss sich so schnell wie möglich in eine Ecke retten

Luftballontanz

- **Intention:** Abstimmung gemeinsamer Bewegungen
- **Arbeitsform:** Partner
- **Material:** Luftballons, unterschiedliche Musik

Die Mitspieler finden sich paarweise zusammen und versuchen einen Luftballon an verschiedenen Körperteilen zwischen sich zu halten, ohne dass er herunterfällt. Dabei tanzen sie angepasst an wechselnde Musikvorgaben durch den Raum. Bei Musikstopp erfolgt ein Partnerwechsel. Der Tanz kann auch auf verschiedenen Hindernissen stattfinden.

Stabkarussell

- **Intention:** Gemeinsamen Bewegungsrhythmus finden
- **Arbeitsform:** Gruppen mit ca. sechs Personen
- **Material:** Stäbe

Ca. sechs Schüler (später auch mehr) stehen im Kreis und halten jeder mit der rechten Hand einen auf dem Boden aufgestellten Stab fest. Aufgabe ist es, dass alle gleichzeitig ihren Stab loslassen, einen Schritt weiter gehen und den Stab des Nachbarn ergreifen, ohne dass dabei ein Stab umfällt oder an einen anderen stößt. So geht es weiter im Stabkarussell bis jeder wieder bei seinem Ausgangsstab gelandet ist.
Ob der Rhythmus durch ein gemeinsames Kommando oder ähnliches unterstützt wird, entwickelt die Gruppe selber.
Variation: Motorisch kann das Spiel erschwert werden, indem vor dem Ergreifen des nächsten Stabes einmal in die Hände geklatscht wird, immer der übernächste Stab erst ergriffen werden darf oder die Kreisrichtung durch Außenkommandos „links/rechts“ plötzlich wechseln kann.

Kreiswechsel

- **Intention:** Sich fließend aus einer Gruppenbewegung lösen und sich ebenso in eine andere einfügen
- **Bezug zu weiteren Förderbereichen:** Raumwahrnehmung
- **Arbeitsform:** Gruppe
- **Material:** Tambourin

Die Schüler bilden einen Innen- und einen Außenkreis in ca. 1,5 Metern Abstand voneinander. Die Kreisteilnehmer stehen hintereinander in immer gleichem Abstand voneinander und müssen diesen während der Innenkreis sich nach rechts und der Außenkreis nach links dreht exakt einhalten. Der Bewegungsrhythmus wird zunächst von außen durch Tambourinschläge vorgegeben. Wenn der Spielleiter den Namen eines Kindes ruft (abwechselnd aus dem Innen- und Außenkreis) hat dieses die Aufgabe, sich fließend aus dem eigenen Kreis zu lösen und sich genauso fließend in Gegenrichtung in den anderen Kreis behutsam einzuklinken. In beiden Kreisen müssen die Teilnehmer ohne Unterbrechung ihre Bewegung so anpassen, dass die Abstände wieder stimmen.
Variation: Die Fortbewegungsart und das Tempo können variiert werden und so die Anforderungen erhöhen oder vereinfachen. Die Kreise können sich in unterschiedlichem Rhythmus bewegen, so dass der fließende Wechsel und das Einfügen in den Gegenkreis eine höhere Anforderung darstellt.
Um die Kreise noch interessanter werden zu lassen, können Reifen oder Tücher in den Händen gehalten werden, es kann auch gut mit Tierbewegungen wie Elefanten oder Bären und Tigern gearbeitet werden.

Skulpturen in Bewegung

- **Intention:** Teil einer Gruppe werden
- **Arbeitsform:** Gruppen zu 4–6 Teilnehmern

Es finden sich 5er oder 6er Gruppen zusammen. Schülerin A stellt sich in eine beliebige Position, z. B. mit verschränkten Armen vorgebeugt auf den Boden guckend. B kommt hinzu und nimmt eine Position ein, die sich auf A bezieht, z. B. legt sie sich auf den Boden unter A's Kopf oder sie stellt sich neben A und zeigt auf den Boden oder ... Nun kommt C hinzu und baut sich mit einem erkennbaren Bezug an A und B, z. B. legt sie den Arm um A. Daraufhin muss A die Skulptur verlassen. B und C verharren in ihren Positionen. Nun kommt D hinzu und B muss gehen ... usw. Die „feste" Skulptur besteht also immer nur aus zwei Personen. Die Teilnehmer agieren auf diese Weise im Kreislauf immer weiter. Falls freie Zuordnungen für die Teilnehmer zu abstrakt sind, kann vorher ein Grundthema (z. B. Piratenkampf, Tierfamilie, Baumgestrüpp o. ä.) vorgegeben werden. Auch kann der ständige Wechsel durch ein Signal (Glöckchen) vorgegeben werden.

Erweiterung:

- Die „feste" Skulptur besteht immer aus 3 Personen, also A, B, C. Erst wenn D hinzukommt löst sich A, wenn E kommt löst sich B usw.
- Die Skulptur wird auf einer Weichbodenmatte, kleinen Kästen o. ä. gebildet.
- Die einzelnen Elemente müssen Körperkontakt haben.
- Die Reihenfolge der Teilnehmer ist nicht vorgegeben, sondern erfolgt spontan, aber ein ständiger Wechsel ist vorgegeben .
- Jede Gruppe hat ein Stück Bühne (z. B. kurze Mattenbahn). Die Spielidee bleibt, aber die Skulpturenteile sind nicht starr, sondern in ständiger Bewegung.

Variation: Arbeiten mit Material (Reifen, Tücher, Schaumstücke, Stäbe):

- Jeder hat einen Gegenstand, den er immer in die Skulptur einbringen muss.
- Es gibt drei festgelegte Gegenstände, die ständig in die Skulptur einbezogen sind und beim Wechsel nicht herunterfallen dürfen

Variation: Tierischer Gruppenlauf

Die Mitspieler finden sich in Dreiergruppen zusammen. Je nach Anzahl der Gruppen, gibt es gleich viele Einzelpersonen, die sich frei im Raum bewegen. Die Gruppen überlegen sich ein Tier und imitieren es über gemeinsame Bewegungsdarstellung. Die Einzelpersonen müssen sich jetzt jeweils einer Gruppe anschließen und sich der Bewegungsart anpassen bzw. den fehlenden Teil des Tieres (Schwanz des Elefanten, Flügelspitze des Adlers) richtig ergänzen. Neue Runde mit neuen Einzelspielern und neuer Darstellung.

Gruppenfoto

- **Intention:** Sich selbst in Bezug zu einer Gruppe wahrnehmen und durch Bewegungen Teil eines Ganzen werden
- **Arbeitsform:** Gruppen zu 5 bis 7 Teilnehmern

Die Mitspieler finden sich in Kleingruppen zusammen. In der Gruppe wird ein Thema abgesprochen, welches sie durch ein Standbild (Foto) darstellen soll, z. B. „Baustelle" oder „im Freibad". Die Bewegungen bzw. Positionen der einzelnen Gruppenmitglieder werden nicht abgesprochen, nur das Thema wird festgelegt. Dann springen die Gruppenmitglieder nacheinander auf die „Bildfläche" und verharren in einer Position, wobei jeder versucht sich auf die schon im Bild vorhandenen Personen spontan zu beziehen. Wenn alle Gruppenmitglieder gemeinsam auf der „Bildfläche" positioniert sind, ist das Foto fertig und die zuschauende Gruppe errät den Titel.

Variation: Zwei bis drei Teilnehmer einer Gruppe verlassen die „Bühne", die anderen positionieren sich abgesprochen zu einem Thema, das ihr „Standbild" darstellt. Nun dürfen die anderen kommen, versuchen, das Thema zu identifizieren und sich darstellerisch passend eingruppieren.

Produktionsmaschine

- **Intention:** Als Teil der Gruppe zum Gelingen der Gruppenleistung beitragen
- **Arbeitsform:** Kleingruppen
- **Material:** Bälle

Die Mitspieler finden sich in 4–6er Gruppen zusammen. Die einzelnen Teilnehmer jeder Gruppe setzen sich in einer Reihe hintereinander oder einander gegenüber und stellen eine „Fließband- Maschine" dar. Durch diese Maschine soll ein Ball geschleust werden, wobei sich jeder Teilnehmer als ein Teil der Maschine eine Bewegung mit dem Ball überlegt, die er durchführen muss, bevor er den Ball zum nächsten Spieler weiterleiten darf. Z. B. ein Maschinenteil hämmert am Ball (aufticken lassen), ein anderer ist ein Fließband (rollt den Ball), ein anderer stanzt (den Ball zwischen die Beine klemmen und hüpfen) etc. In der Reihe wird der Ball nun von vorne bis hinten durchgeben, wobei jeder Mitspieler seine Bewegungen mit dem Ball durchführen muss. Zum Schluss soll die Maschine so gut funktionieren, dass so viele Bälle wie Teilnehmer im Umlauf sind und die Bälle im gleichen Rhythmus (trotz unterschiedlicher Bewegungen) von einem Maschinenteil zum nächsten kommen.

Kettenrennen

- **Intention:** Sich auf die Bewegungen der Gruppe einlassen, sich einfügen und selber Impulse geben
- **Arbeitsform:** Gruppe
- **Material:** Kleinmaterialien wie Schaumstücke, Luftballons, Tennisbälle

Die Mitspieler haben die Aufgabe, eine lange Kette zu bilden, bei der die einzelnen Spieler aber keinen direkten Körperkontakt haben dürfen. Die Spieler sind durch Kleinmaterialien miteinander verbunden. Sie müssen selbst entscheiden, welche Position sie für ihren Gegenstand wählen. Die Aufgabe ist gelöst, wenn alle Mitspieler miteinander verbunden sind und die Gruppe es schafft, sich so fortzubewegen.

Variation: Gruppentheater

Die Teilnehmer stellen sich im Kreis auf und drücken ihre Hände so aneinander, dass sie den jeweiligen Gegenstand dazwischen halten. Jetzt hat die Gruppe die Aufgabe, sich durch den Raum zu bewegen und darauf zu achten, dass kein Gegenstand herunter fällt. Evtl. ruhige Musikuntermalung.

Drachenschwanzjagen

- **Intention:** Gemeinsames Agieren und Zusammenhalt; der Drachenkopf und vor allem der Fänger agieren mit Durchsetzungskraft und Strategie
- **Arbeitsform:** Gruppe zu etwa sechs Kindern

Etwa 5 Kinder fungieren als Drache: sie stehen hintereinander und halten sich an den Hüften oder Schultern des Vorderen fest; das letzte Kind hat aus dem Hosenbund ein Tuch als Drachenschwanz heraus hängen, das erste Kind darf als Drachenkopf zur Abwehr seine Arme ausbreiten. Ein Kind ist Drachenfänger und muss versuchen an den Drachenschwanz heranzukommen und ihn abzuziehen;

hat es das geschafft, wird es zum Drachenglied und der Kopf wird Fänger. Jedes Kind sollte sich einmal in jeder Position befinden und Fänger sein.

Stab versenken

- **Intention:** Konzentration auf die Anpassung der eigenen Bewegung an die „Gruppenbewegung"
- **Bezug zu weiteren Förderbereichen:** Augen-Hand-Koordination
- **Arbeitsform:** Gruppen mit 4–6 Teilnehmern
- **Material:** Holzstab, Zollstock oder Reifen

Vier bis sechs Schülerinnen stehen einander gegenüber zu beiden Längsseiten eines Stabes, der in Brusthöhe horizontal zwischen ihnen gehalten wird. Jede streckt nun einen Zeigefinger aus und hält ihn unter den Stab, so dass dieser auf allen vier bis sechs Zeigefingern zu liegen kommt. Aufgabe ist, dass alle Finger ununterbrochen Kontakt zum Stab haben müssen, d. h. der Stab muss ständig von allen gleichzeitig getragen werden.
Das ist ganz gut machbar, aber die eigentliche Aufgabe erweist sich als wesentlich schwieriger: Der Stab soll gemeinsam zu Boden gesenkt werden, wobei immer alle Finger Kontakt zum Stab haben müssen, der Kontakt darf nie abbrechen. Der Stab soll schließlich am Boden abgelegt werden, indem alle Finger gleichzeitig weggezogen werden.
Variation: Als Material eignen sich auch Gymnastikreifen, Bambusstäbe oder Zollstöcke. Die Teilnehmerzahl kann bis auf 12 erhöht werden.
Als einfachere Variation kann der Stab in der Fortbewegung durch den Raum transportiert werden wobei er sich abwechselnd auf- und abwärts bewegen soll.
Als schwierige Variation kann versucht werden, die Aufgabe mit geschlossenen Augen und ohne verbale Kommunikation durchzuführen.

Großstadtverkehr

- **Intention:** Sich einem Partner anvertrauen und sich ohne Berührung führen lassen
- **Bezug zu weiteren Förderbereichen:** Auditive Wahrnehmung
- **Arbeitsform:** Partner
- **Material:** Tücher, Musikinstrumente wie: Klanghölzer, Triangel, Rassel, Handtrommel

Die Mitspieler finden sich paarweise zusammen. Ein Spieler hat dabei die Augen verbunden und muss der Musik seines Partners, die er durch das Spielen eines Instrumentes produziert, folgen. Da die Partner nicht miteinander in Berührung stehen, muss sich der blinde Spieler auf seinen Partner einlassen und darauf vertrauen, dass er ihn verantwortungsvoll lenkt. Nach einer bestimmten Zeit werden die Rollen getauscht.

Erweiterung:

– Jeder Mitspieler befindet sich auf einem Rollbrett

Schatzsuche

- **Intention:** Verantwortung für den Partner übernehmen
- **Arbeitsform:** Partner
- **Material:** Sandsäckchen in verschiedenen Farben, Weichbodenmatte

Die Mitspieler finden sich paarweise zusammen. Jeder Zweiergruppe wird eine Sandsäckchenfarbe zugeordnet. Die Sandsäckchen werden als Schätze in der Halle verteilt und jedes Paar hat eine Matte, zu der es seine Schätze transportieren soll. Pro Paar werden einem Spieler die Augen verbunden. Die Spieler mit den verbundenen Augen müssen nach dem Startsignal versuchen, die Sandsäckchen in ihrer Gruppenfarbe einzusammeln und zu ihrer Matte zu bringen. Dabei werden sie von ihren „sehenden“ Partnern verbal geleitet. Nur der blinde Spieler darf die Sandsäckchen aufheben und transportieren. Das Paar, das die meisten Sandsäckchen seiner Farbe eingesammelt hat, gewinnt. Erschwert werden kann das Spiel, indem noch einige kleine Kästen und Matten als Hindernisse im Raum positioniert werden.

Gletscherspalte

- **Intention:** Spüren eigener Kraft und Durchsetzung
- **Arbeitsform:** Gruppe/Einzeln
- **Material:** Zwei Weichbodenmatten

Zwei große Weichbodenmatten werden aneinander gestellt. Von beiden Seiten drückt eine möglichst gleiche Anzahl von Schülern mit dem Rücken oder auch einfach mit den Händen gegen die Matten. Ein Schüler versucht nun durch den Zwischenraum der Matten von einer Seite zur anderen zu gelangen. Derjenige, der die Gletscherspalte durchqueren will, kann auch vorher bestimmen wie eng sie sein soll, er kann Anlauf nehmen, er kann es rückwärts versuchen. Jeder kann dazu selbst experimentieren. Es kann auch versucht werden, sich zu zweit von beiden Seiten aus oder auch zu dritt oder viert ganz schnell hintereinander durch die Gletscherspalte zu zwängen. Erleichtert werden kann die Aufgabe, indem eine Matte gegen die Wand gestellt wird oder beide Matten hinter die Sprossenwand geklemmt werden; dann entfällt der intensivere Druck von außen.

Variation: Erdscholle

Ein Kind liegt unter einer blauen Turnmatte (Erdscholle), der Kopf schaut heraus. Ein bis zwei Mitspieler liegen oben auf der Erdscholle. Das „vergrabene" Kind muss versuchen, den oder die oberen abzuschütteln und unter der Erdscholle hervorzukrabbeln.

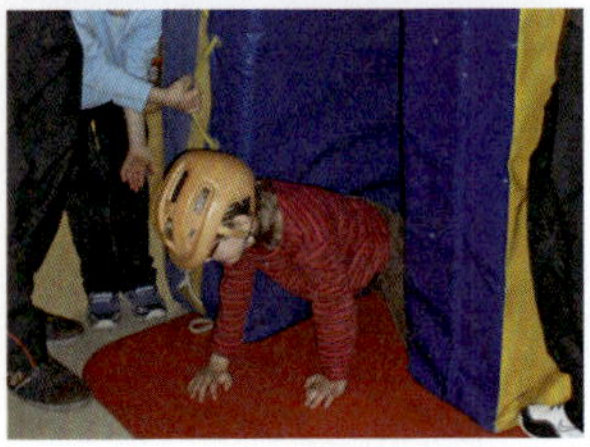

Obstsalat

- **Intention:** Sich aktiv für sich selber einsetzen
- **Arbeitsform:** Gruppe
- **Material:** Teppichfliesen

Alle Mitspieler stehen in Kreisaufstellung auf jeweils einer Teppichfliese. Jedem Spieler wird eine Obstsorte zugeordnet, wobei jede Sorte mehrfach vergeben wird. Ein Spieler stellt sich in die Kreismitte und nennt eine Obstsorte. Daraufhin müssen alle Mitspieler, die diese Obstsorte vertreten, die Plätze tauschen, wobei der Spieler, der das Kommando gegeben hat, auch versucht, sich einen Platz zu ergattern. Wer keinen neuen Platz gefunden hat, steht als nächster in der Mitte. Gibt der Spieler in der Mitte das Kommando „Obstsalat“, so müssen sich alle Mitspieler einen neuen Platz suchen. Zur Erschwernis können sich die Plätze auch auf Hindernissen wie kleinen oder großen Kästen sowie Weichbodenmatten befinden.

Variation:

- Immer drei Kinder sind in der Mitte
- Immer zwei Kinder sind angefasst und müssen ohne loszulassen gemeinsam als eine Obstsorte agieren. Platzmarkierung: Zwei Teppichfliesen nebeneinander

Tür finden

- **Intention:** Sich aktiv für sich selber einsetzen
- **Bezug zu weiteren Förderbereichen:** Taktile Wahrnehmung
- **Arbeitsform:** Kleingruppen
- **Material:** Reifen

Die Mitspieler finden sich in Kleingruppen zusammen (ca.6- 8 Personen pro Gruppe) und bilden einen Kreis mit Handfassung. Ein Spieler stellt sich in die Kreismitte und schließt die Augen. Zwei Spieler aus dem Kreis halten einen Reifen hochkant zwischen sich, der eine Tür darstellen soll. Der Kreis darf sich in beide Richtungen drehen, während der Spieler aus der Mitte die Aufgabe hat, mit geschlossenen Augen so schnell wie möglich die „Tür" zu finden (und durch sie zu fliehen).

Standhafte Partner

- **Intention:** Versuchen, den Partner regelgerecht aus der sicheren Position zu bringen gleichzeitig den eigenen „Standpunkt" durch Gegenwehr definieren und beibehalten.
- **Arbeitsform:** Partner
- **Material:** Matten

Standhalten
Die Partner stehen einander gegenüber, Handflächen aneinander. Jeder versucht, den Anderen dazu zubringen, den festen Stand aufzugeben, selber aber ihn beizubehalten. Ständiges Austarieren der Grenze findet statt (z. B. wenn ich zu sehr drücke, kann mein Partner plötzlich mit den Händen nachgeben, so dass ich vorfalle).
Schulterklopfen
Die Partner versuchen, gleichzeitig beide Hände auf die Schultern des Gegenüber zu legen, der das zu verhindern versucht. Begrenztes Spielfeld ist eine Matte. Wer schafft es sich abzugrenzen?
Fußhakeln im Schwebesitz
Die Partner sitzen einander im Schwebesitz gegenüber, die Füße und Hände dürfen den Boden nicht berühren. Jeder versucht, sich selbst im Sitz zu halten, seinen Gegenspieler aber in Rückenlage zu bringen indem er mit den Zehen unter dessen Füße stößt.

Katze und Maus

- **Intention:** Durchsetzungsvermögen erproben
- **Arbeitsform:** Gruppe

Alle Mitspieler bilden einen Kreis und halten sich an den Händen. Eine Person (Katze) befindet sich außerhalb und ein Spieler (Maus) befindet sich innerhalb des Kreises. Die Katze versucht nun die Maus zu fangen. Dabei haben die Spie-

ler, die den Kreis bilden („Gartenzaun") die Aufgabe die Maus zu schützen. Die Katze muss also versuchen den Gartenzaun zu „durchbrechen", um hineinzugelangen – die Maus kann dann aber nach draußen entwischen usw. So geht es hin und her bis die Maus gefangen ist.
Vereinfachung: **Ran an den Speck.** Die Kleingruppe steht im engen Kreis, in dessen Mitte sich der Speck z. B. in Form eines Schaumstücks befindet. Ein oder zwei Schülerinnen dürfen als Mäuse von außen versuchen , das Speckstück herauszuziehen.

Mauer durchbrechen

- **Intention:** Spüren eigener Kraft und Durchsetzung
- **Arbeitsform:** Gruppen
- **Material:** Teppichfliesen

Zwei Gruppen von je mindestens vier Kindern stehen an gegenüberliegenden Wänden. Jede Gruppe steht als Mauer mit eingehakten Armen im Abstand von ca. 60–80cm entfernt vor ihrer Wand. Zwei Spieler der gegnerischen Mannschaft kommen nun und versuchen die Mauer zu „durchbrechen", d. h. wenn einer es schafft die Wand zu berühren, wird ein Mauermitglied zum „Gefangenen" und mit zur eigenen Mauer zurückgenommen und dort eingebaut. Nun schickt das eben bestürmte Mauerteam zwei Spieler aus, um die Gegenmauer zu durchbrechen. Um den richtigen Abstand der Mauer von der Wand zu gewährleisten, können gut Teppichfliesen als Fundament ausgelegt werden.

Holzköpfe

- **Intention:** Anderen helfen, auch wenn man dabei selbst verlieren kann
- **Arbeitsform:** Gruppe
- **Material:** Holzklötzchen

Jeder Mitspieler bekommt ein Holzklötzchen, das er sich auf den Kopf legt. Nun bewegen sich alle kreuz und quer durch den Raum und balancieren die Holzklötze auf dem Kopf, ohne sie festzuhalten. Wenn das Holzklötzchen herunter fällt, muss die betreffende Person stehen bleiben und warten, dass ein Mitspieler das Klötzchen für ihn wieder aufhebt. Verliert die helfende Person dabei ihr eigenes Klötzchen, so muss auch sie stehen bleiben und auf Hilfe warten.
Variation:

- Es wird in zwei Mannschaften gespielt. Dazu müssen die Holzklötze farbig sein oder durch Sandsäckchen ersetzt werden (von denen man ggfs. auch zwei auf dem Kopf trägt). Die Mannschaft A versucht heruntergefallene Sä-

cken von der Gegenmannschaft zu sammeln, die von der eigenen Mannschaft heruntergefallenen werden wie gehabt wieder aufgelegt.
- Über eine Hindernisbahn: Man darf erst weiter, wenn der nächste einem einen verlorenen Klotz wieder aufgelegt hat ...

3er-Fangen

- **Intention:** Den Partner beschützen
- **Arbeitsform:** Gruppe

Die Mitspieler finden sich in 3er Gruppen zusammen. Zwei Spieler fassen sich an beiden Händen, während der dritte Spieler der Fänger ist. Jetzt wird abgesprochen, welches Kind der Zweiergruppe gefangen werden soll. Die Zweiergruppe, durch doppelte Handfassung miteinander verbunden, versucht vor dem Fänger zu flüchten. Dabei muss vor allem die Person, die nicht gefangen werden soll, ihren Partner durch geschicktes Agieren vor dem Fänger schützen.

Variation:
- Noch schwieriger wird es für den Fänger, wenn man das Spiel zu viert spielt
- Der Fangraum kann begrenzt werden und eine Bewegungsvorschrift gegeben werden, z. B. Hüpfen auf einem Bein, Bewegungsraum begrenzt auf zwei Matten

Wäscheklammerdieb

- **Intention:** Gemeinsam ein Gruppenmitglied schützen
- **Arbeitsform:** Gruppe
- **Material:** Wäscheklammern

Mehrere Mitspieler bilden einen Kreis und fassen sich an den Händen. Am T-Shirt eines Spielers wird hinten eine Wäscheklammer befestigt. Außerhalb des Kreises befindet sich der Dieb, der die Wäscheklammer klauen möchte. Die anderen Spieler versuchen dies zu verhindern, indem sie sich im Kreis drehen und somit das Kind mit der Wäscheklammer möglichst vom Dieb fern halten.

Helferball

- **Intention:** Beim schnellen Spiel andere wahrnehmen und agieren, um ihnen zu helfen bzw. selbst Hilfe zu bekommen
- **Arbeitsform:** Gesamte Gruppe
- **Material:** Drei Bälle

Fangspiel bei dem drei Helferbälle mit im Spiel sind:

1. Regel: Wer einen Ball hat darf nicht abgeschlagen werden, d.h. es gilt demjenigen den Ball zuzuwerfen, der aktuell durch einen Fänger bedroht ist.
2. Regel: Gefangene müssen stehen bleiben, können aber durch Anticken mit dem Ball erlöst werden. Oder: Der Gefangene wird zum Fänger.

Schutzgeleit

- **Intention:** Im Fangspiel andere beschützen bzw. selbst Schutz erfahren
- **Arbeitsform:** Gesamte Gruppe

1–2 Fänger spielen gegen die gesamte Gruppe, die von einer Seite der Halle auf die andere gelangen muss, ohne dass durch Abschlagen Gefangene gemacht werden. Bevor es los geht dürfen 1–3 Schüler der Gruppe um Schutzgeleit bitten. Das bedeutet, dass diese Schüler von den Fängern abgeschlagen werden müssen, alle anderen geben ihnen aber Schutz, so dass ein Gefangen werden verhindert werden soll. Das Spiel kann auch so gespielt werden, dass die Fänger nicht wissen, welche Schüler sie fangen müssen.

Fahrerwechsel

- **Intention:** Beim Abwerfspiel durch Partnerwechsel mit eigenem Risiko einem anderen Team helfen bzw. um Hilfe suchen
- **Arbeitsform:** Gesamtgruppe, paarweise als Team auf einem Rollbrett
- **Material:** Rollbretter

Das Abwerfspiel funktioniert nach dem „Hase und Jäger“-Prinzip. Alle Schülerinnen befinden sich zu zweit auf einem Rollbrett. Je nach Gruppengröße gibt es ein bis zwei Fängerpaare, die versuchen müssen, mit einem Softball einen Rollbrettfahrer abzutreffen. Ein getroffenes Team darf nicht weiter fahren, kann aber um Hilfe rufen und durch ein anderes Team erlöst werden, indem von jedem Zweierteam ein Fahrer zum anderen überwechselt, so dass beide in neuer Paarkombination weiter fahren können. Der Fahrertausch geschieht unter dem Risiko leichter getroffen zu werden. Nach drei Minuten ist Spielstopp. Wie viele Teams haben die Fänger in diesem Moment zum Stillstand gebracht? Welche Fahrer haben es wie oft zum Helfen durch Fahrerwechsel geschafft? Dieses Spiel kann natürlich auch ohne Rollbretter gespielt werden; die Paare müssen dann miteinander verbunden laufen: durch Handfassung, Einhaken oder in Schulterfassung hintereinander.

Seilschaft

- **Intention:** Gemeinsam eine Lösung finden und durchführen
- **Arbeitsform:** Gruppe
- **Material:** Seile

Immer fünf Mitspieler stehen in einer Reihe nebeneinander, wobei sie jeweils ein Seil zwischen sich festhalten. Sie sollen in jedes Seil einen Knoten machen, ohne die Seile loszulassen. – Diese Aufgabe ist Grundlage für weitere Gemeinschaftsaufgaben, die sich die Schüler überlegen, erproben und einer anderen Gruppe zur Lösung aufgeben.

Kettensammeln

- **Intention:** Genaues Kooperieren in der Gruppe
- **Arbeitsform:** Vierergruppe
- **Material:** Kastanien, Streichhölzer o. ä.

In der Halle, die auch mit Hindernissen wie Matten und kleinen Kästen bestückt sein kann, werden überall z. B. Kastanien verteilt. Immer vier Kinder sind eingehakt miteinander verbunden und arbeiten als Gruppe zusammen. Aufgabe: So viele Kastanien wie möglich sammeln. Bedingung: Alle vier müssen die ganze Zeit eingehakt bleiben und nur die beiden äußeren „freien" Arme und Hände der „Kette" dürfen zum Einsammeln benutzt werden. Tragen und Halten der Kastanien dürfen alle Hände.

Verwachsene Bäume

- **Intention:** Kooperativ Körperpositionen aufeinander abstimmen
- **Arbeitsform:** Gruppe

Nach dem Prinzip des Atomspiels finden sich immer der gerufenen Zahl entsprechend viele Mitspieler zu einer Gruppe zusammen. Die Gruppe soll Bäume in verschiedener Konstellation darstellen,
z. B.:

- 3 Personen = 3 Bäume, die aus einem Stamm wachsen und eine Ringkrone bilden
- 4 Personen = 1 Hauptstamm und 3 Einzelbäume mit Ästen des Hauptsstamms verbunden
- 5 Personen = 1 Stamm mit vielen miteinander verbundenen Ästen

Skulpturenzerfall und Wiederaufbau

- **Intention:** Immer wieder neu sich in Beziehung zur Gruppe setzen und eigene Bewegungsideen einbringen
- **Arbeitsform:** Gruppen
- **Material:** Musik

Je nach Gesamtzahl gehören immer 6–9 Schüler einer Gruppe an. Die Grundidee ist, dass diese Gruppe gemeinsam eine Skulptur darstellt. Dann wird die Skulptur aufgelöst, in immer wieder verschiedene Teilmengen als Untergruppen. Aus einer 6er Gruppe werden so zum Beispiel 2-2-2, oder 3-3, oder 4-2 oder 1-1-2-2 Teilgruppen. Diese Teilgruppen bleiben einen Moment irgendwie miteinander verbunden stehen und bewegen sich dann gemeinsam (entsprechend der einsetzenden Musik) durch den Raum. Setzt die Musik aus, findet sich schnell wieder die Gesamtgruppe zusammen und verbindet sich zu einer gemeinsamen neuen Skulptur. D.h. es findet immer ein Wechsel zwischen Gruppenbezogenheit und Teilgruppenbezogenheit statt.
Sinnvoll ist es, für die immer wieder neuen Skulpturen Vorgaben zu machen, z. B. die Skulptur stellt ein Fahrzeug, eine Giraffe, eine Pflanze, eine Kirche dar. Auch die Teilmengen (2-3-1), aber besonders der bewegungsmäßige Zerfall in sie kann vorgegeben werden um die Variation zu erhöhen. Z. B. in ganz langsamen Bewegungen, in zackigen, eckigen Bewegungen, in kreisenden Bewegungen etc. in die Teilmengen kommen.

Matten-Decken-Staffel

- **Intention:** Das Spiel erfordert zum Gelingen das kooperative Miteinander aller Gruppenmitglieder
- **Arbeitsform:** Kleingruppen
- **Material:** Kleine Matten, bzw. Decken

4–6 Schüler arbeiten als Gruppe zusammen. Jede Gruppe steht auf einer Turnmatte, hinter der noch eine zweite liegt. Aufgabe ist es, mit Hilfe der Matten von A nach B zu kommen.
Bedingung: Es darf niemals der Boden berührt werden. Es ergibt sich, dass die hintere Matte mit Hilfe aller Teilnehmer über Kopf nach vorne transportiert werden muss.
Zunächst ist der Mattentransport selbst schon eine Herausforderung für die Gruppe; die notwendige gute Kooperation bezogen auf die Aufgabe gelingt erst nach einigem Üben. Danach kann das ganze als Staffelform der Gruppen gegeneinander durchgeführt werden. Eine Steigerung ist dann noch durch immer wieder wechselnde Gruppenkonstellationen möglich (z. B. Farbkarten ziehen: es ergibt sich immer wieder eine neue rote, grüne, gelbe Gruppe).

Variation: Statt Matten werden Decken genommen. Hier sind größere Variationsmöglichkeiten des Transports möglich. Bei geschickt zusammenarbeitendem Schlittschuhschritt könnte das Team sich z. B. auch mit der unteren Decke fortbewegen. (evtl. muss dreimaliger Deckenwechsel zur Bedingung gemacht werden) auch der über Kopf Transport kann kreativ verändert werden. Matten und Decken können auch kombiniert werden.

Schnüre-Tanz

- **Intention:** Kooperieren über Material und Bewegung
- **Arbeitsform:** Partner und Gruppe
- **Material:** Bunte Wollfäden, bunte Seilchen, Musik

Paarweise halten die Schülerinnen einen gut zwei Meter langen Wollfaden an den Enden. Sie bewegen sich zu langsamer Musik so durch den Raum (bzw. zunächst auf der Stelle), dass ihre Bewegungen möglichst spiegelbildlich sind. Das gemeinsame Schwingen und Führen des Wollfadens hat dabei Leitfunktion. Alle möglichen Bewegungen sind erlaubt, der Faden darf nur nicht reißen. Nach einer Weile kreuzen zwei Paare ihre Schnüre und bewegen sich mit ihren Fäden verbunden unter und übereinander. Dann erhöht sich die Zahl des gemeinsamen Fadentanzes auf drei Paare, die beim Tanz durch Positionswechsel ihre Fäden allmählich so miteinander verbinden, dass in der Mitte ein „Fadenkreuz“ entsteht. Ziel des weiteren Tanzes ist es nun, weiter mit paarweisen Spiegelbewegungen diese Verbindung mit den anderen Paaren wieder zu lösen.

Wer hat den Supergobi geklaut?

- **Intention:** Aufmerksame nonverbale Kommunikation und Kooperation
- **Arbeitsform:** Gruppen von 6 – 10 Schülern
- **Material:** Supergobi: Ein mit Erbsen gefülltes Stofftier, ein Sandsäckchen oder ein Tennisball

Das Grundprinzip dieses Spiels ähnelt dem bekannten „Ochs am Berge 1,2,3“. Ein Schüler dreht sich während er den Spruch: „Wer hat den Supergobi geklaut?“ sagt, zur Wand und darf sich erst nach Spruchende wieder umdrehen; während dieser Zeit bewegen sich die anderen von der anderen Hallenwand oder einer markierten Grundlinie aus Richtung Sprecher. In dem Moment, in dem der Sprecher sich umdreht, dürfen sie sich nicht mehr bewegen. Wer vom Sprecher dennoch in Bewegung erwischt wird, muss fünf Schritte zurückgehen.
Vor dem Sprecher (bzw. wenn er sich zur Wand dreht, hinter ihm) liegt der Supergobi: ein mit Erbsen gefülltes Stofftier, ein Sandsäckchen oder einfach ein Tennisball. Ziel der anderen Mitspieler ist es, den Supergobi vom Sprecher un-

gesehen zu klauen und ihn zurück bis zur Grundlinie zu transportieren. In dem Moment, in dem der Supergobi geklaut wird, drehen sich alle Mitspieler Richtung Grundlinie, so dass sie vom Sprecher nur noch von hinten gesehen werden. Auch auf dem Rückweg gilt: keine Bewegung nachdem der Spruch gesagt wurde und der Sprecher sich also wieder umgedreht hat. Er darf diejenigen die er in Bewegung erwischt hat, aus dem Spiel zur Grundlinie zurückschicken und außerdem darf er dann auch jedes Mal raten, wer wohl den Supergobi hat.
Rät er beim ersten Mal gleich richtig darf er noch einmal Sprecher sein.
Beim Zurücklaufen mit dem Supergobi darf dieser unter den Mitspielern weitergegeben werden. D.h. die Gruppe muss so miteinander agieren, dass der Sprecher nicht herausfinden kann wer den Supergobi hat, bis er an der Grundlinie gelandet ist.
Schon das Klauen des Supergobi, ohne dass der Sprecher gleich weiß wer es war, verlangt genaue Kooperation. Alleingänge sind sinnlos. Es kann längere Zeit dauern, bis die Schüler herausgefunden haben, dass zum Beispiel die ersten beim Supergobi warten müssen, bis mehrere Leute vorne sind, bevor der Gobi geklaut werden kann, ohne dass es klar ersichtlich ist, wer es war.
Hat die Gruppe es geschafft den Supergobi zur Grundlinie zu transportieren, kommt der nächste Schüler als Sprecher dran.

Blinde Nuss

- **Intention:** Sich nonverbal aufeinander abstimmen
- **Bezug zu weiteren Förderbereichen:** Taktile Wahrnehmung
- **Arbeitsform:** Kleingruppe
- **Material:** Seilchen, Parcours mit Hindernissen

Die Spieler finden sich in 4er Gruppen zusammen. Es wird ein Parcours aufgebaut. Einem Spieler pro Gruppe werden die Augen verbunden und ein Seilchen um den Bauch gebunden. Für jedes Gruppenmitglied wird ein weiteres Seilchen als Führleine am Geschirr befestigt. Die Gruppe muss nun durch taktile Signale über die Schnüre versuchen, den blinden Mitspieler durch den Parcours zu lotsen. Es dürfen keine verbalen Anweisungen gegeben werden.

Netzdurchquerung

- **Intention:** Nur durch intensive Kooperation und gegenseitiges Helfen kann die Aufgabe gelingen
- **Arbeitsform:** Gesamte Gruppe
- **Material:** Große Kästen, Seile bzw. Zauberschnur

Durch Großgeräte wie zum Beispiel große Kästen als Eckpunkte und Seile als Außenrahmen wird ein Viereck aufgestellt, in dem waagerecht durch Zauberschnüre ein Netz auf einer Ebene von ca. 70 cm Höhe gespannt wird. Das Netz muss mehr als doppelt soviel große „Löcher" wie Mitspieler haben. Aufgabe ist, dass die gesamte Gruppe von einer Seite des Netzes zur gegenüberliegenden Seite gelangen muss und zwar unter folgenden Bedingungen:
Jede Person hat zur Netzdurchquerung zwei Löcher zur Verfügung. Das erste zum Einsteigen ins Netz von oben nach unten, das zweite als Ausstieg von unten nach oben. Das heißt unter dem Netz muss gekrabbelt werden.
Ist ein Loch von einem Mitspieler benutzt worden, darf dieses von keinem anderen mehr in Anspruch genommen werden, es gilt als verbraucht. Es kann aber wieder geöffnet werden, indem derselbe Mitspieler in umgekehrter Weise durch das Loch zurückkehrt und sich einen anderen Weg sucht. Sinnvoll ist es, dass die Schüler anfangs in ihrem Einstiegsloch stehen bleiben um andere gemeinsam über das Netz zu einem Einstiegsloch in der Mitte zu transportieren. Auch im Ausstiegsloch darf man stehen bleiben um anderen zu helfen.
Erschwerte Bedingungen:
Beim Ein- und Ausstieg bzw. beim Krabbeln unter dem Netz darf dieses niemals berührt werden; geschieht es doch, muss die gesamte Gruppe wieder zur Ausgangsseite zurück und neu beginnen.
Da es nicht für jeden ein Einstiegsloch an der Ausgangsseite und ein Ausstiegsloch an der gegenüberliegenden Seite gibt, ist intensive Kooperation gefragt, um die ganze Gruppe regelgerecht von einer zur anderen Seite zu bringen.
Etwas einfacher mit gleicher Intention gestaltet sich das Spiel
Flussüberquerung
Die Ufer eines Flusses werden markiert und jedes Kind erhält eine Teppichfliese. Jede Gruppe muss gemeinsam mit Hilfe der „Trittsteine" den Fluss überqueren ohne in Kontakt mit dem Wasser (Boden) zu kommen. Dabei muss immer ein

Fuß einen Stein belegen, sonst wird dieser vom Fluss fortgespült, d.h. diese Teppichfliese wird aus dem Spiel genommen.
Berührt ein Teilnehmer einer Gruppe das Wasser, muss die ganze Gruppe ans Ausgangsufer zurück und neu starten. Der Fluss ist erst dann sicher überquert, wenn die gesamte Gruppe am anderen Ufer steht.

Bäumeallee

- **Intention:** Vertrauen in die exakte Bewegungsreaktion der Gruppe vs. Verantwortung durch konzentriertes Agieren
- **Arbeitsform:** Gesamte Gruppe

Die Schüler stehen in Gassenaufstellung in ca. einem Meter Entfernung einander gegenüber. Alle strecken ihre Arme waagerecht nach vorn aus, so weit, dass sich ihre Hände etwa auf Höhe der Oberarme ihres Gegenüber befinden. In ein paar Metern Entfernung vor der Gasse, steht ein Kind, das nun mit Tempo durch die Gasse losrennt. Die Gassensteher müssen im letzten Moment, wenn der Läufer knapp auf ihrer Höhe ist, schnell die Arme nach unten und anschließend sofort wieder hoch schwingen.
Variation:
- Statt Laufen Gehen durch die Gasse
- Drei Läufer starten direkt hintereinander: Wenn der erste ca. 2/3 der Gasse hinter sich hat, startet der zweite usw.

Vier-Tore-Ball

- **Intention:** Vorausschauendes kooperatives Handeln im Spiel; eigene Aktionen kooperativ an die der Gruppenmitglieder anpassen
- **Arbeitsform:** Gruppen zu 4–5 Spielern
- **Material:** Stangen, Pezzibälle

Immer zwei Mannschaften zu vier bis fünf Spielern spielen gegeneinander. Im abgegrenzten Spielfeld befinden sich willkürlich verteilt vier Tore aus parallel aufgestellten Stangen. Mit einem Pezziball von ca. 60–80cm Durchmesser versucht jede Mannschaft ein Tor zu erzielen, indem sie den Ball so durch ein Tor prellt oder wirft, dass auf der anderen Seite des Tores ein Spieler der eigenen Mannschaft den Ball annimmt oder fängt. Nur direkte Annahme nach einem Aufpreller bzw. direktes Fangen zählt als Punkt. Aus jeder Richtung kann durch die Tore geworfen oder geprellt werden. Mögliche Veränderungsregeln: – mit dem Ball in der Hand darf nicht gelaufen werden – der Ball darf nur gerollt werden – es gibt drei oder fünf Tore

- **Intention:** Gegenseitige Verantwortung durch Konzentration auf den Partner und Bewegungsanpassung; Partnervertrauen
- **Arbeitsform:** Partner, Gruppe
- **Material:** Matten

Grundübung: Zwei Schüler stehen in Schrittstellung auf einer Matte einander gegenüber, zwischen ihnen steht auf der Mitte der Matte der dritte als Pendel. Die beiden äußeren Schüler schieben die Pendelfigur an den Schultern vorne und hinten mit ihren Händen an bzw. fangen sie ab. Die Pendelfigur muss im gesamten Körper Spannung aufbauen, damit sie gut vor und zurück gependelt werden kann. Die Füße bleiben dabei fest auf der Matte stehen. Mit geschlossenen Augen gestaltet sich die Übung für die Pendelperson noch intensiver. Begonnen wird mit einem kurzen Pendelradius. Erweiterung: **Pendelwurf** Zu Viert: Die vierte Person wirft der Pendelfigur während des Pendelns ein Sandsäckchen zu, das diese in einen seitlich stehenden umgedrehten kleinen Kasten werden muss. Jedes Pendel bekommt fünf Sandsäckchen zugeworfen, die Treffer werden gezählt, danach werden die Rollen gewechselt. **Pendelstaffel** Fünf Schüler stehen hintereinander in einer Reihe, wobei der erste mit dem Gesicht zu den anderen steht. Nr. 3 stößt jetzt behutsam Nr.2 an den Schultern, so dass er nach vorne zu Nr.1 pendelt. Nr.1 fängt ihn an den Schultern ab und pendelt ihn wieder zurück zu 3. Nr.1 läuft anschließend ans Ende der Gruppe und stellt sich hinter Nr.5. Nr.2 wird inzwischen wieder vorgependelt, aber nur bis in die Senkrechte. Steht er, dreht er sich um und Nr.4 pendelt ihm Nr.3 zu, die er zurückpendelt und anschließend läuft er ans Ende der Gruppe. D.h. jeder wird vor-zurück-vor in den Stand gependelt und muss sich dann sofort umdrehen, um die nächste Pendelfigur abzufangen. Wenn dieser ständige Pendelwechsel flüssig klappt, kann das Ganze im Wettbewerb zu einer oder mehreren anderen Gruppen gestaltet werden. Die Gruppen müssen dann als Pendelgruppe eine vorher festgelegte Strecke bewältigen.

3.2 Unterrichtsbeispiele zur Sozialerfahrung

3.2.1 Unterrichtsbeispiel zur Sozialerfahrung in der Partnerarbeit

- **Thema:** Südpolexpedition; Sozialerfahrung in der Partnerarbeit
- **Intention:** In der Führen- und Folgen-Rolle mit dem Partner verbunden dessen Bewegungen und Bewegungsmöglichkeiten differenziert wahrnehmen und eigene Bewegungen darauf abstimmen

Einstieg:
Zum physischen und psychischen „Warming-up" wird **„Kettenfangen"** gespielt. Dabei versucht eine Schülerin als Fängerin ein anderes Kind abzuschlagen, das dann an die Hand genommen und mit zur Fängerin wird. So verbunden müssen nun beide aufeinander abgestimmt weiterlaufen und versuchen, ein drittes Kind abzuschlagen, so dass die Fängerkette zunimmt und sie zu dritt weiterlaufen. Ist das vierte Kind abgeschlagen, teilt sich die Viererkette in zwei Kettenpaare zum Weiterfangen auf usw. Die Verbundenheit beim Laufen und die notwendige gemeinsame Bewegungs- und Taktikabstimmung leiten zum Stundenthema.

Einführung in das Thema:
Trainingslager: Magnetenlauf (S. 66)
Wir sind auserwählte Teilnehmer einer Südpolexpedition. Der Südpol ist auf dem Landweg über Schnee und Eis zu erreichen. Immer zwei Teilnehmer sind füreinander verantwortlich, müssen zusammenbleiben und die Strecke miteinander durch einen Magneten verbunden bewältigen.
Das schwierige gemeinsame Fortbewegen wird zunächst im Trainingslager geübt: Magnetenlauf.
Jedes Paar bekommt ein Schaumstück als Magnet, an dem beide Partner „kleben". Beim führenden Partner wird der Magnet an irgendein Körperteil, z. B.: Kopf, gelegt, der folgende Partner hat immer eine Hand daran. Auf diese Weise miteinander verbunden bewegen sich die Paare kreuz und quer durch den Raum. Auf Zuruf des Expeditionsleiters werden die Kontaktpunkte beim Führenden gewechselt, z. B. vom Kopf zur rechten Hüfte, dann zum linken Oberschenkel. Auch Wettervorgaben wie Schneesturm oder starker Rückenwind werden vom Leiter gemacht, um unterschiedliche Fortbewegungsarten und Tempi zu provozieren. Nach einer Weile experimentieren die Teilnehmer selbstständig mit verschiedenen Kontaktpunkten und wechseln dann die Rollen. Der Magnet darf nie herunterfallen, in jeder Rolle müssen die Partner die Bewegung und die Möglichkeiten des anderen genau wahrnehmen und die eigene Bewegung anpassen.

Reflexion im Kreisgespräch:
- Was bewirkte der Wechsel der Kontaktpunkte?
- Wann war es leichter/schwieriger verbunden zu bleiben?
- Welche Unterschiede gab es zwischen der Führen- und der Folgen-Rolle?

Arbeiten am Thema:
Damit der **Expeditionsmarsch** beginnen kann, wird zunächst das unwegsame Gelände in Form eines Rundlaufs aus Teppichfliesen, großen und kleinen Matten, Kästen etc. aufgebaut. Die Zusammenstellung kann vorgegeben oder von den Schülerinnen selbst überlegt und erstellt werden. Der Rundlauf wird so konzipiert, dass die Paare sich auf der Strecke überholen können. Jedes Paar bewältigt das unwegsame Gelände mehrfach in eigenem Tempo, mit eigener Strategie.

Aufgaben, die das Einfühlen in die eigenen Bewegungen und die des Partners verstärkt fordern, Polarisation der Führen-Folgen-Rollen:
- Kontaktpunkte wechseln
- eisiger Wind ➡ verbale Verständigung ist ausgeschlossen
- Schneesturm ➡ nur der Führende kann etwas sehen
- es muss zusätzlich noch etwas transportiert werden

Nach der Bewältigung von Schnee und Eisgelände bei Wind und Wetter kommen schließlich alle Paare an der Südpolstation an und können sich erholen.

Kurz-Entspannung: In Rückenlage auf zusammengeschobenen Matten. Jeder träumt noch einmal vom Expeditionsmarsch: Wie es beim Schneesturm war, als man nichts sehen konnte; wie es war, als man wegen des eisigen Windes nicht sprechen konnte; welche Teile des Rundlaufs/der Schneelandschaft haben mir besonders gefallen; fühlte ich mich immer sicher?

Abschluss:
Alle sind wieder fit und veranstalten ein fröhliches **Schlittschuhrennen.** Als Schlittschuhe dienen zwei umgedrehte Teppichfliesen unter den Füßen. Nach dem konzentrativ fordernden Schwerpunkt soll der Abschluss ein freies Bewegen in Einzelarbeit (mit freier Gestaltung oder als Wettkampf) beinhalten. Auch eine Schneeballschlacht als Variante ist möglich.

3.2.3 Unterrichtsbeispiel zur Kooperation in der Gruppe

- **Thema:** Spiele mit Matten zur Kooperation in der Gruppe
- **Intention:** Spielideen mit Problemlöseaufgaben werden durch Kooperation in Kleingruppen gemeinsam gestaltet und durchgeführt. Jedes Gruppenmitglied erfährt, dass seine aktive Teilhabe zum Gelingen der Aufgabe notwendig ist

Einstieg: Atomspiel mit Gruppenaufgaben
Als warming-up und Hinführung zum Thema werden in diesem Spiel einfache Kooperationsaufgaben gestellt. Alle laufen, hüpfen, wirbeln als Atomteilchen nach Musik durch die Halle. Bei Musikstopp wird eine Zahl von 2 bis 5 gerufen und die entsprechende Anzahl von Schülern findet sich schnell zu einer Gruppe zusammen. Bleiben vereinzelte Atome übrig, docken sie bei einer beliebigen Gruppe an. Nun wird den Atomen zugerufen, was sie gemeinsam geworden sind, d. h. darstellen sollen: Ein tanzender Kreis, eine Brücke, ein Elefant, Pferd und Reiter ...

Arbeiten am Thema:
1. **Matten-Decken-Staffel** (S. 82) Die notwendige Kooperation bei diesem Spiel ist schon komplex, so dass jede Gruppe zunächst für sich Lösungen ausprobiert und die beste übt, bis die Kooperation so gut verläuft, dass die Aufgabe auch

unter Wettkampfbedingungen gelingen kann. Bei diesem Spiel ist die notwendige aktive Teilhabe für jeden Einzelnen gut erfahrbar.

Reflexion

2. Labyrinth-Matte

Die Schüler sind weiter in Gruppen zu vier bis sechs Teilnehmern zusammen. Jede Gruppe hat eine Turnmatte, einen Tischtennisball und ausreichend Schaumstücke zur Verfügung. Aufgabe: Mit Hilfe der Schaumstücke soll auf der Matte ein Labyrinth gebaut werden, durch das der Tischtennisball gerollt werden kann. Das Rollen erfolgt, indem die Matte zunächst von der Gruppe aufgehoben und gehalten wird. Dann wird gestartet und der Ball durch gemeinsames, gezieltes Bewegen der Matte durch das Labyrinth gerollt. Das Lösen der Aufgabe erfolgt zunächst durch das gemeinsame Verlegen der Schaumstücke (Einbringung, Ausprobieren und Neugestaltung von Ideen dazu). Das Rollen des Balles durch das Labyrinth erfordert genau aufeinander abgestimmtes Bewegen der Matte.
Wenn jede Gruppe ihr Labyrinth zu eigener Zufriedenheit gestaltet und ausprobiert hat, erfolgt ein Wechsel zum Labyrinth einer anderen Gruppe, um dieses auszuprobieren.

Reflexion

Abschluss: Vier-Tore-Ball (S. 86)

Dieses Spiel, in dem vorausschauendes kooperatives Handeln zum Tragen kommt, wird als ca. zehnminütiger Abschluss gespielt unter der Voraussetzung, dass das Spiel schon eingeführt und den Schülern bekannt ist.

Alternative: Kooperative Ballstaffeln

Bei jeder Gruppe stehen die Teilnehmer in Grätschstellung hintereinander. Ein Pezziball muss abwechselnd über den Kopf und durch die Beine nach hinten durchgegeben werden. Die letzte Person läuft dann mit dem Ball nach vorne, stellt sich vor die Riege und gibt den Ball erneut nach hinten. So wird fortgefahren, bis jeder wieder an seiner Ausgangsposition steht.
Variationen:

- Der Ball wird seitlich abwechselnd links und rechts in einer Schlangenlinie weitergegeben.
- Die Schüler sitzen hintereinander. Der Ball (evtl. besser ein Softball) wird zwischen die Füße geklemmt und mit einer halben Rolle rückwärts nach hinten gereicht.

4. Bewegungserfahrung als Gegenstandserfahrung über Exploration und Gestaltung (Materiale Erfahrung)

Die von Scherler (1975) begründete Materiale Erfahrung ist definiert als handelnde auf Erkenntnis materialer und funktionaler Bedingungen ausgerichtete Auseinandersetzung des Kindes mit seiner Umwelt.

Der theoretische Hintergrund findet sich in der Piagetschen Entwicklungstheorie nach der handlungsgebundene materiale Erfahrungen Grundlage der kognitiven Entwicklung sind; Denken vollzieht sich zunächst in Form aktiven Handelns, aus sensomotorischen Erfahrungen folgt später die geistige Repräsentation: Ein Kind, das durch experimentierendes Aufbauen eines „Berges" aus verschiedenen Kästen, Bänken und Matten in der Turnhalle entsprechende Erkenntnisse über Stabilität von Aufbauten gesammelt hat, wird, in einer späteren Situation, die einen Aufbau erfordert, um z. B. oben an einen hohen Schrank zu gelangen, in geistiger Vorwegnahme vorhandene Gegenstände hinsichtlich ihrer Einsetzbarkeit einschätzen und zusammenstellen und braucht nicht mehr zu experimentieren.

Über Bewegungshandlungen setzen sich Kinder mit ihrer räumlich-dinglichen Umwelt auseinander, erkunden sie sensomotorisch und begreifen sie dabei hinsichtlich ihrer Gesetzmäßigkeiten und Eigenschaften. Über motorisches Begreifen erfolgt das kognitive Begreifen.

Bewegung und Wahrnehmung sind Medium für Gegenstandserfahrung: Indem ich das Chiffontuch mit den Händen fühle und eine Blüte forme, es in die Luft werfe und wieder auffange, es zu einer festen Schnur zwirble, es durch Pusten in der Luft zu halten versuche usw., lerne ich die Eigenschaften und Verwendungsmöglichkeiten des Materials kennen.

Bewegung und Wahrnehmung dienen der Erkenntnis und dem direkten handelnden Verstehen und gleichzeitig der kreativen Nutzung, Veränderung und Gestaltung der dinglichen Umwelt.

Materiale Erfahrung als Erfahrung durch Bewegung und Wahrnehmung ist vor allem als ein wichtiges, didaktisch-methodisches Prinzip psychomotorisch orientierter Bewegungserziehung zu verstehen.

Die explorative Funktion von Bewegung steht im Mittelpunkt. Es geht um die situative Auseinandersetzung mit Gegenständen, d. h. um das Experimentieren mit Gerät und Material unter bestimmten Vorgaben. Das Geschehen als Prozess steht im Vordergrund, das Ergebnis ist nicht vorprogrammiert: Ausprobieren, Lösungen überlegen, praktisch umsetzen, verändern, verwerfen, neu experimentieren, Erkenntnisse und Erfahrungen sammeln, weitere Ideen entwickeln, durchführen ... Dieser Weg ist das Ziel.

Materiale Erfahrung ermöglicht ein Begreifen der Umwelt im wahrsten Sinne des Wortes. Bei diesem kreativen Agieren und Explorieren geht es sicher auch immer wieder darum, die eigene Bewegung an Gegenstandserfordernisse anzupassen und darüber können auch neue Bewegungsmuster entstehen oder vorhandene ausdifferenziert werden, aber sie sind eben nicht vorrangiges Ziel, sondern ergeben sich situativ und gegenstandsbezogen.

Gegenstandserfahrung über Exploration und Gestaltung als didaktisch-methodisches Prinzip bedeutet prozessorientierten zieldifferenten Unterricht. Die Umwelt (sprich Gerät- und Materialangebot sowie -arrangement in der Turnhalle) muss so gestaltet sein, dass sie Aktivität und Neugier weckt, erkundendes und experimentierendes Verhalten muss ermöglicht werden z. B. durch prinzipielle Veränderbarkeit der Umwelt, durch Freiraum und ausreichend Zeit in offen gestalteten Bewegungssituationen; auch in enger strukturierten eher gelenkten Bewegungssituationen kann durch gezielte Materialauswahl mit offenen Bewegungsaufgaben und kleinen Problemlöseaufgaben materiale Erfahrung vermittelt werden. So geht es bei dem Spiel „Finde den besten Ball ..." darum, Erkenntnisse durch die aktive Bewältigung der vorgegebenen Aufgaben anzuwenden bzw. noch einmal vermittelt zu bekommen (wie: kleine Bälle rollen schneller, bestimmte Materialeigenschaften machen einen Ball weniger gut z. B. Medizinball oder gut z. B. Vollgummiball prellbar, einen leichten Ball werfe ich besser mit weniger Druck etc.). Die Aufgabenstellung sollte immer ganzheitlich ausgerichtet sein in dem Sinne, dass die Gegenstandserfahrung über Bewegungshandeln und auch über die verschiedenen Wahrnehmungsbereiche erfolgt (z. B.: Spiel: Ballhören).

Oft ist es sinnvoll, dass Material kombiniert wird und spielerische Problemlöseaufgaben gestellt werden, um die Kinder zu motivieren, sich damit auseinanderzusetzen und so auf eigene Ideen und Erkenntnisse zu kommen.

In den folgenden praktischen Anregungen werden Beispiele aufgeführt, die die Gegenstandserfahrung über Exploration und Gestaltung zum Inhalt haben. D.h. das explorative Verhalten, die kreative motorische Auseinandersetzung und das damit einhergehende Verstehen und Beherrschen der Material- und Gerätumwelt stellen die Zielperspektive dar.

Zunächst werden Beispiele für weite Aufgabenstellungen gegeben, die intensive handelnde Auseinandersetzung und Exploration erfordern.

Anschließend werden etwas enger ausgerichtete Aufgaben und Spielformen vorgestellt, die gezielt kreative Umgangsweisen mit Material über Sinneswahrnehmungen und Bewegung zum Inhalt haben. Diese Spiele bieten unterschiedlichste Gegenstandserfahrungen mit Bällen, Teppichfliesen, Schaumstücken und Tüchern.

4.1 Spiele zu Gegenstandserfahrung über Exploration und Gestaltung

Ziel-Ball-Stationen

- **Intention:** Exploration und Gestaltung mit vorgegebenem Material
- **Arbeitsform:** Kleingruppen
- **Material:** Weichbodenmatten, Baumwolltücher, verschiedene Bälle, Holzklötze, Bierdeckel

In Kleingruppen (3–4 Schülerinnen) soll mit vorgegebenem Material eine Station gebaut werden, bei der ein Ball zu einem Zielpunkt befördert werden soll. Die Ballsorte kann frei gewählt werden, aber der Ball darf von den Spielern nur mit Hilfe des vorgegebenen Materials in Bewegung gesetzt werden, also nicht mit Händen oder Füßen.

Beispiele für Materialvorgaben und entstandene Stationen

1. Materialvorgabe:

Es stehen 2–3 Weichbodenmatten und beliebig viele bunte Baumwolltücher zur Verfügung.

Beispiele für entstandene Zielstationen:

Station A

Ziel ist es, mit Hilfe einer Weichbodenmatte einen Ball so anzuschubsen, dass er durch den Zwischenraum zweier nebeneinander liegender Matten rollt und anschließend auf dem bunten Tücherfeld dahinter liegen bleibt.

Stationsaufbau:

Eine Weichbodenmatte als Rutschmatte mit einem davor liegendem Ball. In ca. 4 Metern Entfernung davon liegen zwei Weichbodenmatten nebeneinander mit beliebig breitem Zwischenraum (Ballrollbahn). Hinter diesen beiden Matten sind auf dem Boden Baumwolltücher in 4 Querfeldern nach den Farben rot, grün, gelb und blau ausgebreitet.

Aktion:

1–3 Spieler werfen sich (mit oder ohne Anlauf) bäuchlings auf die Rutschmatte, so dass der Ball ins Rollen und möglichst in die vorgesehene Zwischenbahn kommt. Er muss auf den Tüchern zum Stopp kommen. Je nach Farbfeld sind unterschiedlich viele Punkte zu erzielen.

Station B

Zwei Spieler stehen auf einer Weichbodenmatte und halten an allen vier Ecken angefasst ein Baumwolltuch mit einem Ball darauf zwischen sich gespannt. Mit Hilfe des Tuches versuchen sie, gemeinsam den Ball über eine als Mauer auf Kante gestellte zweite Weichbodenmatte so zu werfen, dass er auf der dritten dahinter liegenden Matte landet. Dort sind vier verschieden farbige Tücher ausgebreitet. Kommt der Ball auf einem Tuch zu liegen gibt es je nach Farbe unterschiedlich viele Punkte.

2. Materialvorgabe:
Beliebig viele Holzklötze und Bierdeckel
Station A:
Der Spieler steht auf zwei Holzklötzen, mit denen er sich im „Schlittschuhlauf“ fortbewegt und hält mit Hilfe von zwei Bierdeckeln einen Tennisball fest.
Aufgabe:
Der Spieler muss auf diese Weise den Ball durch einen aufgebauten Holzklötzeparcours transportieren, ihn am Schluss auf einer Holzklotzrampe ablegen und mit einem Bierdeckel so anschubsen, dass er durch ein Bierdeckel-Klotz-Tor rollt. Der Rampenstoß kann wiederholt werden bis das Tor durchrollt ist, gibt aber genau wie Ballverlust oder Parcoursklotzberührung Punktabzug. Jeder Spieler hat 10 Punkte zur Verfügung.Es gilt, möglichst viele zu behalten.
Station B:
Mit Hilfe von Klötzen und Bierdeckeln wird eine Art Minigolfstation aufgebaut, an der es als Bestleistung möglich ist, durch dreimaliges Anstoßen eines Tischtennisballes mit einem Bierdeckel ihn am Ende durch einen Zielkanal rollen und einen aufgestellten letzten Bierdeckel umfallen zu lassen.
Die vorgestellten Stationen können als Erfahrungsfeld zum Einstieg benutzt werden, um dann später mit dem Material neue Stationen zur Grundidee „Zielball“ zu entwickeln.
Weitere Materialvorgaben:
z.B. – Reifen und Schaumstücke
– kleine Kästen und Stäbe
– kleine Matten und Teppichfliesen

Weitere Themen für offene weite Problemlöseaufgaben

Bergbau

- **Intention:** Exploration und Gestaltung mit vorgegebenem Material
- **Arbeitsform:** Kleingruppen
- **Material:** Verschiedene Groß- und Kleingeräte, Klebeband, Luftballons

Aus Klein- und Großgeräten ist ein Berg so zu bauen, dass man von seiner Spitze aus, einen Luftballon an einer vorher festgelegten Stelle an der Hallenwand (oder an Ringen oder Tauen) mit Klebeband befestigen kann. Nach Fertigstellung und Erproben aller „Berge" wird ein (Wett-)Spiel für die Gesamtgruppe entwickelt und durchgeführt, das die unterschiedlichen Berge im Fokus hat.
Variation: Einen Berg bauen, dessen Spitze man blind erreichen kann, um oben ein Sandsäckchen abzulegen.

Fahrzeugbau

- **Intention:** Exploration und Gestaltung mit vorgegebenem Material
- **Arbeitsform:** Kleingruppen
- **Material:** Rollbretter, verschiedenes anderes Material wie Matten, Kastenteile etc.

Aus maximal drei Rollbrettern und weiterem festgelegten Material soll ein Fahrzeug gebaut werden, auf dem alle vier Gruppenmitglieder gleichzeitig Platz haben und es eigenständig (nicht von außen geschoben) fortbewegen können.

Spielformen zur Gegenstandserfahrung von Bällen, Teppichfliesen, Schaumstücken und Tüchern

Atomspiel mit Ball

- **Intention:** Verschiedene Eigenschaften und unterschiedliche Beschaffenheit der Bälle erkennen und damit umgehen können
- **Arbeitsform:** Gesamte Gruppe
- **Material:** Pool mit allen möglichen Bällen (Softbälle, Overballs, Hallenhockeybälle, Wasserbälle, Medizinbälle, Igelbälle, Tischtennisbälle, Pezzibälle ...)

Alle Kinder suchen sich einen Ball aus und bewegen sich damit durch die Halle. Bei Stopp finden sie sich entsprechend einer gerufenen Zahl zu zweit, dritt oder viert zusammen und lösen zugerufene Aufgaben. Bei diesen geht es immer

darum, die in der Gruppe befindlichen Bälle nacheinander auszuprobieren und dabei Erfahrungen zu sammeln wie unterschiedlich die gleiche Aufgabe mit den verschiedenen Bällen zu bewältigen ist.
Beispielaufgaben:

- Die Bälle über die Arme einmal im Kreis von Teilnehmer zu Teilnehmer rollen.
- Die Bälle einander zuprellen
- Die verschiedenen Bälle zufausten
- Die Bälle mit geschlossenen Augen und möglichst wenigen Fingern im Kreis weitergeben.
- Die Bälle durch Pusten bewegen
- Die Bälle im Sitzen mit beiden Beinen einander zustoßen.
- Die Bälle mit dem Ellenbogen anstoßen und so zu den Partnern befördern.

Zwischen den einzelnen Gruppenaufgaben laufen die Kinder immer wieder frei durch den Raum, wobei der Ball in die Bewegung mit einbezogen werden soll; außerdem nimmt sich jeder nach der Gruppenaufgabe einen anderen Ball durch Tausch mit den Partnern oder aus dem Pool.
Erweiterung: Die Gruppen experimentieren mit ihren Bällen und erfinden Aufgaben für die Anderen.

Ball-Stationenlauf

- **Intention:** Eigenschaften und Handhabungsmöglichkeiten der verschiedenen Bälle erfahren
- **Arbeitsform:** Partnerweise Rundlauf
- **Material:** Vier bis Sechs Stationen (z. B. Kastenrahmen, Matten, Reifen) mit verschiedenen Bällen (ca.6 pro Matte: Wasserball, Medizinball, Igelball, Tischtennisball, Pezziball, Schaumstoffball ...)

Sechs Stationen werden in der Halle als Rundlauf positioniert. An jeder befinden sich ca. sechs verschiedene Bälle. Paarweise verteilen sich die Schülerinnen auf die Stationen. Die Paare müssen im Rundlauf jeweils einen Ball in vorgegebener Weise zur nächsten Station transportieren, sich dort einen anderen Ball nehmen und diesen dann weitertransportieren und so fort.
Transportvorgaben-Beispiele:
- Der Ball muss zwischen den Köpfen transportiert werden.
- Der Ball darf nur zwischen den Rücken transportiert werden.
- Der Ball muss zwischen den Stationen mindestens 3mal einander zugerollt, geprellt, geköpft ... werden.
- Der Ball darf nur durch Anticken mit einem Finger, nur durch Pusten, nur mit dem Knie, Fuß fortbewegt werden.

Als Wettspiel: Welches Paar sitzt nach 2 Runden zuerst wieder an seiner Ausgangsstation?

Ballhören

- **Intention:** Geräusch- und Rolleigenschaften unterschiedlicher Bälle erfahren
  Bezug zu weiteren Förderbereichen: Auditive Wahrnehmung
- **Arbeitsform:** Partnerweise
- **Material:** Verschiedene Bälle(Softbälle, Overballs, Hallenhockeybälle, Tennisbälle, Wasserbälle, Medizinbälle, Igelbälle, Tischtennisbälle, Pezzibälle, Basketballbälle ...)

Die Partner suchen sich zunächst verschiedene Bälle aus, die sie sich dann gegenseitig im Sitzen zurollen. Der „Fänger" hat die Augen geschlossen und versucht zu hören, ob der Ball seitlich oder mittig auf ihn zurollt und versucht ihn abzustoppen. Der „Ballroller" wechselt die Bälle, die Entfernung und die Rollrichtungen.
Die Bälle können auch vorsichtig geprellt werden.
Die einzelnen Paare sollten weit genug voneinander entfernt sitzen, damit sie nicht von „fremden" Ballgeräuschen irritiert werden.

Ballschatten

- **Intention:** Unterschiedliche sowie gemeinsame Eigenschaften und Handhabungsmöglichkeiten der verschiedenen Bälle erproben
- **Arbeitsform:** Partnerweise
- **Material:** Verschiedene Bälle(Softbälle, Overballs, Hallenhockeybälle, Tennisbälle, Wasserbälle, Medizinbälle, Igelbälle, Tischtennisbälle, Pezzibälle, Basketballbälle ...)

Es gibt einen Pool mit unterschiedlichen Bällen. Jeder probiert zunächst mit zwei bis drei verschiedenen Bällen nacheinander aus, was er damit alles machen kann und stellt die Unterschiede fest. Anschließend kommen zwei Schüler mit jeweils unterschiedlichem Ball zusammen. Ein Partner bewegt sich durch den Raum und macht dabei immer wieder etwas Neues mit seinem Ball vor. Der andere läuft als Schatten hinterher und versucht das gleiche mit seinem Ball nachzumachen. Anschließend Rollenwechsel, danach Wiederholung mit anderen Bällen aus dem Ballsortiment.

Pezziball-Rollen

- **Intention:** Größe, Rolleigenschaften und Elastizität des Balles ganzkörperlich erfahren
  Bezug zu weiteren Förderbereichen: Taktile, vestibuläre und kinästhetische Wahrnehmung
- **Arbeitsform:** Staffel, Partner oder Dreiergruppe, gesamte Gruppe
- **Material:** Türkisfarbene Pezzibälle, bei 6–8 jährigen Kindern die kleineren, orangefarbenen Pezzibälle, Matten

1. Vier Matten werden im Abstand von ca. $1\,^1/_2$ Metern hintereinander gelegt. Aufgabe ist es, die Bahn mit Hilfe eines Pezziballs zu überwinden, wobei nur die Hände Bodenkontakt haben dürfen. D.h. man rollt sich mit und über den Ball durch die Mattenzwischenräume, nimmt den Ball, wenn man auf der Matte gelandet ist, auf und positioniert ihn für die nächste Zwischenraumüberquerung. Das Ganze kann als Wettspiel gestaltet werden, bei dem der Ball zum Beispiel in Pendelstaffelform immer von einer zur anderen Gruppenhälfte über die Bahn hin und her transportiert wird.

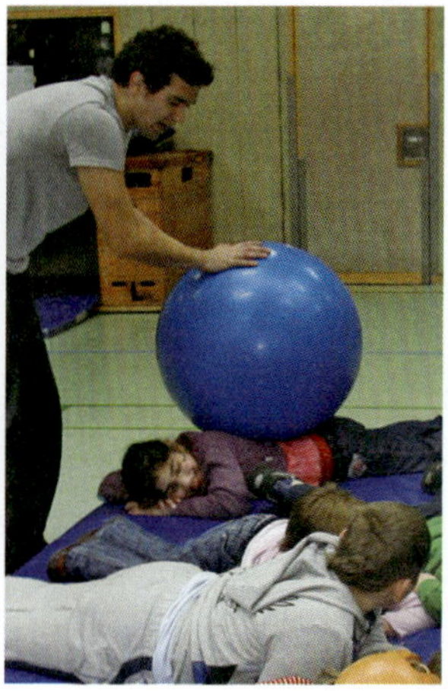

Variation: Sitzhüpfen
Ein Kind sitzt auf dem Ball, die Beine an die Seiten geklemmt. Es wird von einem oder zwei Partnern an den Händen gehalten und kann so mit stabilisierender Hilfe mit dem Ball vorwärts hüpfen.
Riesenmassage: Alle Kinder legen sich zur Entspannung in Bauchlage nebeneinander auf eine Mattenbahn. Nun bekommen sie eine Massage indem zwei Pezzibälle von zwei Personen über sie gerollt werden: Langsames Rollen, Rollen mit leichtem Druck, Rollen mit leichter Vibration, lockeres schnelles Rollen. Die Riesenmassage kann auch angeleitet in Kleingruppen von den Schülern selbst durchgeführt werden.

Wer hat den besten Ball?

- **Intention:** Eigenschaften verschiedener Bälle einschätzen können, um damit die geforderte Aufgabenstellung bewältigen zu können
- **Arbeitsform:** Einzeln
- **Material:** Wasser-, Jonglier-, Medizin-, Igel-, Over-, Tischtennis-, Pezzi-, Hockey-, Gymnastik-, Soft-, Vollgummi-Bälle

Die Teilnehmer laufen durch die Halle, an 2–3 Stellen befinden sich Pools mit verschiedenen Bällen. Bei Stopp erfolgt die Aufforderung den besten Ball zu finden, um damit eine bestimmte Aufgabe durchzuführen.
Wer findet den besten Ball um
- ihn so zu prellen, dass er an die Decke kommt
- den Rücken eines Partners zu massieren
- ihn durch aufgestellte Schaumquadertore zu rollen, ohne dass etwas umgestoßen wird
- ihn hochzuwerfen, sich einmal dabei zu drehen und ihn dann wieder aufzufangen
- ihn platt zu sitzen
- sich längs über ihn drüber zu rollen
- ihn mit einer Hand an der Wand entlang zu rollen
- ein quietschendes Geräusch damit zu erzeugen
- ihn zwischen den Füßen zu halten und damit vorwärts zu hüpfen

Nach Durchführung einer Aufgabe bringt jeder seinen verwendeten Ball wieder zum Pool.
Variation: Paarweise. Ein Partner muss für den anderen den Ball aussuchen, der dann damit die Aufgabe durchführt.

Schaumstoff-Jagd

- **Intention:** Gegenstandserfahrung im Bewegungsspiel
- **Bezug zu weiteren Förderbereichen:** Vestibuläre Wahrnehmung, Augen-Hand-Koordination
- **Arbeitsform:** Gesamte Gruppe
- **Material:** Schaumstoffstücke

Zunächst wird entsprechend der Gruppengröße ein Spielraum festgelegt. Jeder bekommt zwei Schaumstoffstücke. Eines wird unter einen Arm, das andere zwischen die Oberschenkel geklemmt. Alle Personen dürfen sich nur auf einem Bein hüpfend fortbewegen und haben die Aufgabe die Schaumstoffstücke anderen Personen zu klauen. Hat man eines ergattert muss dies unter den anderen Arm, oder auch zwischen die Oberschenkel gequetscht werden. Wer hat nach Ablauf eines Zeitlimits die meisten Schaumstücke? **Variationen:** Andere Fortbewegungsarten, verschiedene Matten als Untergrund.

Schaumstoff-Klemmen

- **Intention:** Erfahren und Experimentieren mit der Konsistenz (Festigkeit, Formbarkeit, Griffigkeit) und Handhabbarkeit des Materials durch Greifen, Drücken und Klemmen mit verschiedenen Körperteilen
- **Bezug zu weiteren Förderbereichen:** Kinästhetische Wahrnehmung, Sozialerfahrung
- **Arbeitsform:** Partner
- **Material:** Schmale und dicke Schaumstücke, Matten

Die Schülerinnen befinden sich paarweise auf einer Matte und haben ca. drei bis vier evtl. unterschiedlich dicke Schaumstücke zur Verfügung. Die Aufgabe besteht darin, mit verschiedenen Körperteilen ein oder mehrere Schaumstücke so fest an sich zu klemmen, dass die Partnerin es innerhalb eines vorgegebenen

Zeitlimits (1 Minute) nicht schafft sie wegzuziehen. Begonnen wird zunächst mit dem Klemmen der Schaumstücke unter den Armen und zwischen den Beinen. Experimentiert wird mit verschieden dicken Schaumstücken, „gefaltet“ oder doppelt gelegten Schaumstücken.

Variationen:

- Die Schaumstücke (auch mehrere übereinander) liegen auf der Matte und müssen mit verschiedenen Körperteilen festgedrückt werden. → das gleiche an der Wand.
- Die Partner befinden sich im Liegestütz einander gegenüber, Hände je auf einem Schaumstück. Ziel: Dem Partner ein Schaumstück wegziehen. Experimentieren mit je zwei Schaumstücken unter den Händen oder auch zusätzlich Schaumstückchen unter den Füßen.

Schaumpuck

- **Intention:** Handhabung des Materials als Schlag- und Greifinstrument im Spiel erproben und anwenden
- **Arbeitsform:** Torspiel, Kleingruppen gegeneinander
- **Material:** Schaumstücke, Matten

Die Schülerinnen bilden Vierer-Gruppen, von denen immer zwei gegeneinander spielen. Ziel ist es, ein Schaumstück, den „Schaumpuck“, ins gegnerische Tor zu befördern. Das Tor ist eine an der Wand aufgestellte oder auf dem Boden liegende blaue Turnmatte. Jeder hat ein Schaumstück, um den Schaumpuck, der nicht mit Hand oder Fuß berührt werden darf, zu befördern.

Hier endet eigentlich die Aufgabenstellung, um den Schülerinnen experimentellen Freiraum in der Handhabung ihres Schaumstücks zu geben, so dass sich auch das Spiel entsprechend unterschiedlich in den Gruppen entwickeln kann.

Man kann die Handhabung des Materials mit der Aufgabenstellung verschiedene Möglichkeiten zu finden, einen Schaumpuck mit Hilfe eines Schaumstücks von A nach B zu befördern, auch vorher explorativ einführen.

Danach können gefundene Möglichkeiten ausgewählt und beim Torspiel als Vorgabe eingesetzt werden, z. B.:

- Das eigene Schaumstück wird als Schlag oder Schiebeinstrument genutzt, ein- und beidhändig erlaubt.
- Das eigene Schaumstück wird als Greifwerkzeug genutzt, indem es mit Hilfe beider Hände zusammen geklappt wird und so der Schaumpuck ergriffen und eingeklemmt transportiert oder einem Gegner entrissen werden kann.
- Der Schaumpuck darf mit Hilfe des eigenen Schaumstücks gegriffen werden, man darf dann damit aber nicht laufen, sondern er muss durch die Luft geworfen oder geschlagen werden, nicht am Boden entlang. Wesentlich einfacher geht das, wenn jeder zwei Schaumstücke als Greif und Schlaginstrumente zur Verfügung hat.

Schaumwäsche

- **Intention:** Schaumstücke als Massage-Material einsetzen und erfahren
  Bezug zu weiteren Förderbereichen: Taktile Wahrnehmung
- **Arbeitsform:** Kleingruppen
- **Material:** Rollbretter oder Decken, Schaumstücke

Die Kinder spielen in Kleingruppen „Autowaschanlage“, bei der es verschiedene Sorten von Schaumwäschen gibt. Der Autofahrer fährt in Bauchlage auf einem Rollbrett zwischen die in Gassenform knieenden Gruppenmitglieder (mindestens ein Kind auf jeder Seite). Die Waschakteure haben ein Schaumstück in der Hand und führen alle vom Autofahrer gewünschten Waschgänge durch: Abklopfen, Abstreichen, Schaumdrücken, Schaumregnen, Schaumrubbeln und was ihnen noch einfällt. Der Autofahrer kann sich auch einfach auf eine Decke zwischen die anderen legen, in die er zum Schluss eingehüllt und dann damit herausgezogen wird.

Turmbauten

- **Intention:** Schaumstücke als Konstruktionsmaterial verwenden
- **Bezug zu weiteren Förderbereichen:** Taktile Wahrnehmung
- **Arbeitsform:** Partner, Gruppen
- **Material:** Schaumstücke

1. **Turmbau**
Partner A hat die Augen geschlossen und soll einen Turm aus Schaumstücken bauen. Partner B reicht die Schaumstücke in bestimmter Position an (auf Kante stehend/horizontal liegend) und genau so muss Partner B sie auch verbauen.

2. **Buchstaben**
Partner A baut aus Schaumstücken einen Buchstaben, den Partner B durch Tasten erraten muss.
3. **Turmstaffel**
Die Schüler spielen in Staffelgruppen gegeneinander. Die Staffelbahn ist für jede Gruppe durch Schaumstoffstücke, die im Zickzack ausgelegt sind, vorgegeben. Aufgabe ist es „blind" durch Tasten mit den Füßen nur über die Schaumstücke zum Zielpool, in dem sich Schaumstücke befinden, zu gelangen. Dort können die Augen geöffnet werden, zwei Schaumstücke werden aus dem Zielpool entnommen und zurück mit zur Gruppe genommen (Rücklauf über die Schaumstücke jetzt mit geöffneten Augen). Die Gruppe baut, während der nächste schon wieder losläuft, an einem Turm, der identisch entsprechend einer Vorgabe, die für alle Gruppen gleich ist, gebaut werden soll. Welche Gruppe hat zuerst ihren Turm richtig stehen?

Schlittschuh-Laufen

- **Intention:** Teppichfliesen als Rutschunterlage nutzen, Gegenstandserfahrung im Bewegungsspiel
- **Bezug zu weiteren Förderbereichen:** Vestibuläre Wahrnehmung, Sozialerfahrung, auditive Wahrnehmung
- **Arbeitsform:** Gesamte Gruppe, Staffel, Partner, Kleingruppen
- **Material:** Teppichfliesen

Die Schülerinnen haben unter jedem Fuß eine umgedrehte Teppichfliese und bewegen sich damit so ähnlich wie beim Schlittschuhlaufen fort. Es können Hindernisse, die umfahren werden müssen, aufgebaut werden. Als Wettkampfform bietet sich eine Staffel an.
Variation:
Dreipunktlauf
Jeder hat drei Teppichfliesen zur Verfügung. Außer den Füßen müssen nun noch eine Hand oder beide Hände im Kontakt mit den Teppichfliesen am Boden sein.
Doppelschlittschuh
Fliesenlaufen zu zweit mit drei Teppichfliesen: beide Partner stehen mit ihrem inneren Fuß auf einer gemeinsamen Fliese und müssen sich auf diese Weise gemeinsam fortbewegen.
Schlittschuh-Fangen
Jeder Spieler steht mit einem Fuß auf einer umgedrehten Teppichfliese und muss sich so fortbewegen, dass die Teppichfliese unter dem Fuß bleibt. Es wird Fangen gespielt. Jeder Spieler, der gefangen wurde, wird auch zum Fänger. Verliert ein Spieler während des Spiels seine Teppichfliese muss dieser stehen bleiben bis er von einem anderen Spieler befreit wird, indem dieser seine Teppichfliese mit ihm tauscht. Das Spiel ist zu Ende wenn alle gefangen wurden und nur noch Fänger auf dem Feld sind.

Pantoffelheld
Auf klein abgegrenztem Spielfeld laufen alle (6–8) Schüler mit Pantoffeln (Teppichfliesen unter den Füßen) umher. Einer ist mit verbundenen Augen der Pantoffelheld, der versuchen muss, über die Pantoffelgeräusche die anderen zu orten und zu fangen.

Teppichrutschen

- **Intention:** Die Gleiteigenschaften der Teppichfliesen nutzen
- **Bezug zu weiteren Förderbereichen**: Vestibuläre und kinästhetische Wahrnehmung
- **Arbeitsform:** Partner, Dreiergruppe, Kleingruppe
- **Material:** Teppichfliesen

Schubkarre blind Die Partner befinden sich in Schubkarrenposition. Die vordere Person stützt ihre Hände gut auf je eine umgedrehte Teppichfliese. Der Schieber, der rechts und links neben sich die leicht gegrätschten Beine des Vorderen an den Oberschenkeln hält, ist blind (Augen verbunden oder geschlossen). Die Schubkarre weist ihn verbal an, wohin er schieben soll. Der Weg führt zwischen verschiedenen Hindernissen entlang.
Rutschbahn Dreiergruppen. Zwei Kinder ziehen eine Mitschülerin, die auf einer umgedrehten Teppichfliese sitzt, an den Händen eine Hindernisbahn entlang: Über den Boden, über eine Langbank, über ein Kastenoberteil, über eine schräg

gestellte Bank und über eine Weichbodenmatte. Die Mittelperson kann auch von den anderen beiden an den Schultern geschoben werden.

Teppichfliesen-Boule Einer Teppichfliese wird als Schweinchen mit einer ausholenden Wischbewegung Anschwung gegeben, so dass sie über den Boden rutscht und irgendwo liegen bleibt. Jeder der Kleingruppe versucht nun, seine Fliese von der Startlinie aus so nah wie möglich ans Schweinchen rutschen zu lassen. **Variation:** Es können mit den Teppichfliesen auch Kegel „umgerutscht" werden.

Fliesen-Skater Zwei umgedrehte Teppichfliesen werden so bereit gelegt, dass man mit etwas Anlauf darauf springen kann und ein Stück im Stand über den Boden rutscht. Wie viel Skatings braucht man um die Halle zu durchqueren?

Tuchwurf-Spiele

- **Intention:** Wurf-, Flug- und Landeeigenschaften von Tüchern ausprobieren und spielerisch nutzen
- **Arbeitsform:** Kleingruppen
- **Material:** Baumwolltücher, Chiffon-Tücher, Abwaschtücher

Körperlandungen Kleingruppe. Jeder hat ein Chiffontuch und läuft damit auf abgegrenztem Feld umher. Die Spielleiterin ruft nun ein Körperteil, z. B.: „Rücken". Alle werfen darauf ihr Tuch hoch in die Luft und müssen zu einem anderen Tuch laufen und dieses auf ihrem Rücken landen lassen. Anschließend läuft man mit diesem Tuch weiter. Auf diese Weise werden immer wieder andere Chiffon-Tücher mit unterschiedlichen Körperteilen gefangen.

Welches Tuch fällt als letztes? Jede Kleingruppe hat in der gleichen Anzahl wie Mitspieler verschiedene Tücher (Baumwolltücher, Chiffontücher, Abwaschtücher). Die Tücher müssen zu Beginn gleichzeitig kreuz und quer im Kreis hochgeworfen werden, anschließend wird gemeinsam versucht, sie möglichst lange in der Luft zu halten. Nach kurzem Greifen müssen sie sofort wieder hochgeworfen werden. Ein auf den Boden gefallenes Tuch bleibt liegen. Die Gruppe, bei der als letztes ein Tuch auf den Boden fällt, erhält einen Punkt.

Blinder Fänger

Die Gruppe stellt sich in einen Kreis, alle haben ein unterschiedliches Tuch in der Hand und halten es oberhalb des Kopfes in die Mitte. Eine Person steht im Kreis und hat die Augen geschlossen. Die Personen, die den Kreis bilden, bestimmen mit Handzeichen, wer im Kreis „hier" ruft und sein Tuch fallen lässt. Die Person in der Mitte muss blind versuchen, schnell das Tuch zu fangen und zu raten, welche Art Tuch es ist.

Fußfang Jeder erhält ein Chiffon-Tuch. Aufgabe: Das Chiffon-Tuch nach vorne werfen und mit dem Fuß auffangen. Auf diese Weise muss eine festgelegte Strecke bewältigt werden. Wer entwickelt die effektivste Wurftechnik und ist als erster auf der Ziellinie?

Tüchergasse

- **Intention:** Gegenstandserfahrung durch die taktile Wahrnehmung; Aktive Bewegung und Bewegungsantizipation des Materials
- **Bezug zu weiteren Förderbereichen:** Taktile und visuelle Wahrnehmung
- **Arbeitsform:** Gesamte Gruppe
- **Material:** Chiffon-Tücher, Baumwolltücher

Wohlfühlweg

Die Kinder bilden eine Gasse und schwingen mit jeder Hand ein Chiffon-Tuch auf und ab. Ein Kind geht durch die Gasse und genießt den Wind und die sanften Tuchberührungen. Nach dem Durchgang stellt sich das Kind an die Stelle des Nächsten in die Gassenreihe. Noch schöner sind die Tücher zu spüren, wenn die Augen beim Durchgehen geschlossen sind. Wie ist es, wenn das Material verändert wird und Baumwolltücher zum Schwingen genommen werden? Wenn die Gesamtgruppe groß genug ist, spielt eine Hälfte die Gassengruppe, die andere die Gehergruppe und umgekehrt.

Feuerweg

Nun haben die Gassenkinder die Augen geschlossen und schwingen ihre Tücher durch gleichmäßige Pendelbewegungen vor und zurück. Die Tücher symbolisieren Flammen. Das Kind, das durch die Gasse geht, versucht den Weg so zu bewältigen, dass es möglichst von keiner Flamme berührt wird. Auch hier kann ausprobiert werden, welchen Effekt Baumwolltücher haben.

Tücher-Rennen

- **Intention:** Eigenschaften des Materials spielerisch erfahren und nutzen
- **Arbeitsform:** Gesamte Gruppe, Staffelform
- **Material:** Chiffon-Tücher, Baumwolltücher

Die Grundidee ist, mit einem ausgebreiteten Tuch vor dem Körper so schnell zu laufen, dass es am Körper haften bleibt. Es darf nicht festgehalten oder eingeklemmt werden. Das kann mit verschiedenen Körperteilen und auch unterschiedlichen Tüchern ausprobiert werden.
Spielformen: Tücher-Staffel und Tücher-Fang-Spiel: Der Fänger hat kein Tuch. Konnte er bei jemandem eines wegziehen, wird dieser zum Fänger. Wird man gerade nicht gejagt, darf man kurz stehen bleiben und solange das Tuch mit zwei Fingern festhalten.

Gegenstandserfahrung durch Spielideen über Problemlöseaufgaben

Gaudiwurm und Schleiertanz

- **Arbeitsform:** Zweiergruppen
- **Material:** Viele Baumwolltücher oder auch Bettlakenstücke bzw. viele Chiffontücher

Die Teilnehmer sollen Tücher so mit einander verbinden und gestalten, dass die Gruppe damit zu einem Gaudiwurm wird (Der originäre Gaudiwurm ist ein Bettlaken mit vier Löchern, aus denen die Köpfe der Kinder herausgucken). Die Gaudiwürmer bewegen sich anschließend über eine kleine Hindernisbahn bzw. entwickeln eine kurze Bewegungsdarstellung zur Vorführung. Mit Chiffontüchern wäre die Aufgabe, sie alle so miteinander zu verbinden und zu gestalten, dass eine Schleiertanzgruppe entsteht. Zur Entwicklung einer Schleiertanzdarstellung sollte passende Musik laufen.

Murmeltransport

- **Arbeitsform:** Vierer- oder Fünfergruppen
- **Material:** Teppichfliesen, Murmeln oder Tischtennisbälle

Es sollen drei verschiedene, originelle Möglichkeiten gefunden werden, mit Hilfe der Teppichfliesen (jeder hat eine zur Verfügung) eine Murmel oder einen Tischtennisball ohne Bodenberührung von einem Start- zu einem Endpunkt zu transportieren. Die gefundenen Möglichkeiten können anschließend in einem Spiel wie z. B. einer Staffel oder einem Kreislauf, bei dem der Tischtennisball die Murmel einholen muss, eingesetzt werden.

Schaumformen

- **Arbeitsform:** Kleingruppen
- **Material:** Schaumstücke

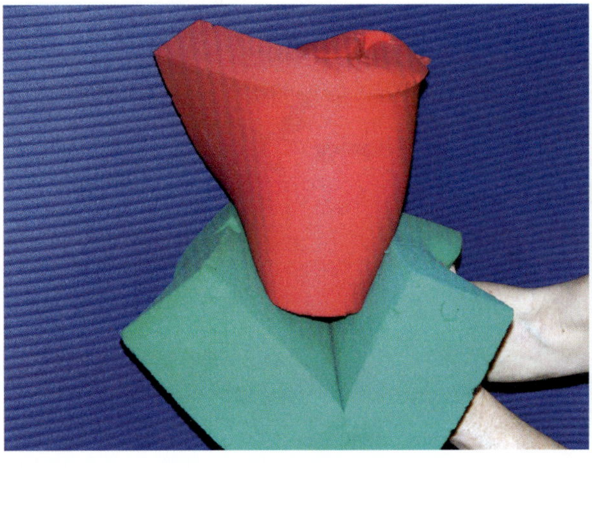

Schaumstoffstücke sollen so verformt oder zusammengestellt werden, dass sie immer wieder einen anderen Gegenstand darstellen, der in einer kurzen Pantomime-Geschichte zum Tragen kommt. Mögliche Lösungsbeispiele: In der Mitte zusammendrücken und an den Hals halten (Fliege), zusammengeklappt als Handtasche, zwei im rechten Winkel aueinander gestellt als Laptop ...

Ballmatten

- **Arbeitsform:** Kleingruppen
- **Material:** Verschiedene Bälle, blaue Turnmatten

Bälle aller Art sowie blaue Turnmatten stehen jeder Gruppe zur Verfügung. Aufgabe: Spielformen finden, bei denen viele Bälle (oder auch nur einer) mit ihren elastischen und Rolleigenschaften genutzt werden, wenn sie unter einer Matte liegen.

Kölner Dom

- **Arbeitsform: Kleingruppen**
- **Material: Schaumstücke**

Aufgabe ist, mit Hilfe von Schaumstücken ein vorgegebenes Gebäude, z. B. eine Kirche, eine Stadtmauer mit Torbögen o. ä. zu bauen. Jeder Teilnehmer darf z. B. drei Schaumstücke verbauen und es darf dabei nicht gesprochen werden.
In der Weiterführung kann daraus ein Staffelwettkampf entwickelt werden.

Ballgeschichten und -lieder

- **Arbeitsform:** Kleingruppen
- **Material:** Verschiedene Bälle

Versucht mit Hilfe unterschiedlicher Bälle Töne und Rhythmus zu erzeugen, so dass erkennbar ein Lied vorgespielt werden kann oder entwickelt aus den verschiedensten Ballgeräuschen eine Geschichte, die sich über das Hören erschließt.

4.2 Unterrichtsbeispiele zur Gegenstandserfahrung über Exploration und Gestaltung

4.2.1 Unterrichtsbeispiel Schaumstücke

- **Thema:** Kreatives Bewegungshandeln mit Schaumstücken
- **Intention:** Das Material Schaumstück durch Spielformen und Exploration in seinen Eigenschaften kennen lernen und erproben.

Einstieg: Stopptanz auf Schaumstücken und Fliesen.
Als Hinführung zum Umgang mit dem Material werden die Schaumstücke als Untergrund erprobt. Um die Besonderheit des Materials deutlich erfahrbar zu machen, werden als Kontrast gleichzeitig Teppichfliesen eingesetzt.
Auf dem Hallenboden sind viele Teppichfliesen und Schaumstücke durcheinander liegend verteilt.
Aufgaben: – Bei Musikstopp sich auf eine „Insel“ retten, der Boden darf nicht mehr berührt werden. Dabei immer wieder neue Positionen einnehmen: Hocken, Scherenstand, Einbeinstand, eine Hand- und zwei Fußberührungen usw.
➡ Nur noch Schaumstücke sind Inseln.
➡ Fliesen und Schaumstücke werden enger, d. h. in Schrittabstand zueinander gelegt und die Fortbewegung (die jetzt auch mal im Krebs- oder Bärengang erfolgen kann) ist nur noch auf dem Material erlaubt. Die Stopp-Positionen müssen auf den Schaumstücken eingenommen werden.
Arbeiten am Thema: Schaumstoff-Klemmen (S. 100)
Aktives Agieren mit dem Material.
In diesem Partnerspiel wird die Konsistenz (Griffigkeit, Festigkeit, Verformbarkeit) und Handhabbarkeit des Materials bei Druckausübung erprobt.
Paarweise probieren die Schüler auf einer Matte mit mehreren Schaumstücken verschiedene Arten der Schaumstoff-Klemmen aus.
Arbeiten am Schwerpunkt des Themas: Hindernisstationen aus Schaumstücken und einem weiteren Material
In Kleingruppenarbeit zu viert sollen die Schüler das Material zu einer kleinen Hindernisbahn zusammenbauen, die man überwinden muss.
Vorgegebenes Material: Schaumstücke und Reifen.
Je nach Gesamtgruppengröße entstehen so mehrere Hindernis-Stationen. Jede Gruppe überlegt, baut, verändert und probiert so lange aus, bis sie eine Hindernisbahn hergestellt hat, die ihr Spaß macht und im Schwierigkeitsgrad angemessen ist. Die Bahn soll zunächst nach Vorgabe der Gruppe bewältigt werden. Im Weiteren wird die Aufgabe dann erschwert: Während der Hindernisüberquerung muss ein Schaumstück in den Händen gehalten werden, auf dem als Tablett oder auf Kante gehalten ein zweites transportiert wird.
Zwei bis drei Minuten bevor die Konstruktionszeit beendet werden muss, wird dies angesagt, so dass jede Gruppe dann noch abschließen oder gegebenenfalls eine kleine Veränderung vornehmen kann.

Alle Gruppen probieren dann anschließend die Hindernis-Station mindestens einer anderen Gruppe aus. Die Gruppen können auch unterschiedliche Materialkombinationen vorgegeben bekommen.
Weitere mögliche Materialvorgaben: ➡ Schaumstücke und Stäbe
➡ Schaumstücke und Matten
➡ Schaumstücke und kleine Kästen
Reflexion: Wie entstand die Konstruktion? Gab es Ideen, die nicht umsetzbar waren? Welche Konstruktionsideen gefielen mir besonders?
Gemeinsamer Abbau und Abschlussritual.

4.2.2 Unterrichtsbeispiel „Schiffsexpedition"

- **Thema:** Schiffsexpedition
- **Intention:** Gegenstandserfahrung über kreativen Umgang mit Material entsprechend vorgegebener Aufgaben und Spielideen
- **Material:** Matten, Bänke, Teppichfliesen, Bälle, Chiffontücher, Seile

Einstieg: In dieser Stunde begeben sich alle auf eine Schiffsexpedition mit zwei Etappen: Die erste Etappe geht ins Eismeer zu den Eisbergen, die zweite zu einem Dschungel an der tropischen Küste. Die Schüler teilen sich in zwei Gruppen auf. Die erste Gruppe baut die Eisbergestation, die zweite die Dschungelstation auf.

Eisbergestation: In der Mitte stehen kleine Kästen, mittelhohe und hohe große Kästen; auf die Kästen führen von beiden Seiten schräg aufgelegte Langbänke. Die Kästen können auch mit Langbänken verbunden stehen. Über Langbänke gelangt man auf die Kästen und wieder hinunter. Da das Ganze aber Eisberge sind, kann man sich auf ihnen nur mit Hilfe von Rutsch-Teppichfliesen fortbewegen. Jeder Expeditionsteilnehmer bekommt zwei Teppichfliesen, die er mit der flauschigen Seite nach unten benutzen muss. Bei der ersten Besteigung des Eisbergs ist vorgegeben, dass die Knie sich auf der hinteren, die Hände auf der vorderen Fliese befinden und man so raupenartig vorwärts rutschen muss. Danach können weitere Möglichkeiten der Eisbergbewältigung mittels Rutschfliesen ausprobiert werden.

Dschungelstation: Zwischen zwei ausgefahrenen Sprossenwänden oder zwischen zwei Barren o. ä. werden Zauberschnüre und Seile verspannt und daran herunterhängende Tücher geknüpft. Aufgabe ist es allein, später angefasst zu zweit, in Vorwärts- oder Rückwärtsbewegung etc. durch diesen Lianenwald zu gelangen, ohne von einer giftigen Schlingpflanze berührt zu werden. Geschieht dies doch, tritt eine sofortige Bewegungslähmung ein; erlöst werden kann man daraus nur durch ein Gegengift, das ein anderes Expeditionsmitglied einem mit Hilfe des Chiffontuchs, das jeder bei sich hat, über den Körper wedelt.

Arbeiten am Thema:
1. Schiffsfahrt
Nach dem Aufbau der beiden Stationen holt sich jede Gruppe eine Matte und ausreichend Bälle, um sie darunter zu platzieren. Die Matte ist das Expeditionsschiff, auf dem sich bis auf vier Schüler alle der Gruppe befinden. Das Schiff soll nun mit Hilfe der Bälle (unruhige Wellen) fahren. Dazu müssen in erster Linie die außen befindlichen Schüler aktiv werden, indem sie die Matte schieben und frei werdende Bälle wieder vorne unter die Matte legen. Gruppe A startet in einiger Entfernung zur Eisbergstation, wohin sie per Schiff gelangen muss, Gruppe B genauso in Bezug zur Dschungelstation.
2a. Eisberg (1.Gruppe)
Am Eisberg liegen ausreichend Teppichfliesen bereit, um ihn rutschenderweise (siehe Stationsbeschreibung) zu bewältigen. Haben alle den Eisberg ausreichend erkundet und erfolgreich auf verschiedene Rutschweisen bewältigt, findet auf dem nahe liegenden Eissee ein **Schlittschuhlaufen mit Schlittschuhfangen** statt (S 103).
2b. Dschungel (2.Gruppe)
Vor der Dschungelstation befinden sich ausreichend Chiffontücher, von denen jeder Expeditionsteilnehmer nach Ankunft mit dem Schiff eines bekommt. Jeder macht damit zunächst einen Strandlauf (**Tücher-Rennen** S. 107), aus dem anschließend eine Tücherstaffel wird, d. h. eine Hälfte der Gruppe läuft gegen die andere. Anschließend geht es in den Dschungel, wobei jeder sein Chiffontuch mitnimmt. Nun gilt es mehrmals auf verschiedene Weise unbeschadet durch die giftigen Lianen zu gelangen (s. Stationsbeschreibung).
3. Zweite Schiffsetappe
Nach Eisberg bzw. Dschungelerkundung und -bewältigung sowie Spiel besteigt jede Gruppe wieder ihr Schiff und fährt zur anderen Station. Die „Schiffsbetreiber" sind diesmal Kinder, die bei der letzten Etappe passiv transportiert worden sind.
4. Eisberg und Dschungel wie Punkte 2a und 2b.
Abbau der Stationen.
Abschluss: Reflexion in der Schlussrunde
Sind die Schüler noch nicht selbstständig genug im eigenverantwortlichen Aufbau und in der Selbstorganisation nach Vorgaben, ist auf jeden Fall mehr Zeit als 60 Minuten einzuplanen oder es sind Verkürzungen vorzunehmen: Die Spiele oder die Schiffsfahrt weglassen und durch einen Flug (eine Runde mit ausgebreiteten Armen laufen) ersetzen.

5. Körperschema

Als Körperschema bezeichnen wir die Vorstellung, die wir von unserem Körper haben; dieses schematische Bild repräsentiert unseren Körper in unserem Bewusstsein so wie er uns aufgrund individueller sensorischer und psychomotorischer Erfahrungen erscheint.
Als dreidimensionales Raumbild von unserem Körper bildet das Körperschema unser Bezugssystem für alle Bewegungen und ermöglicht mentale Bewegungsplanung und die praktische Ausführung von Bewegungen.

Entwicklung und Grundlagen des Körperschemas

Grundlagen für das Körperschema werden schon in der fetalen Entwicklung gebildet: Im sogenannten neuralen Gedächtnis wird durch gespeicherte Sinnes- und Bewegungserfahrungen eine „Landkarte des Körpers“ (Ayres 1984) angelegt. Bei der Geburt ist das Körperschema eher diffus; durch vielfältige Wahrnehmungs- und Bewegungserfahrungen bildet sich im Lauf der Kindheit das innere Bild über den eigenen Körper, seine Ausmaße, seine Stellungen und Richtungen, seine Wahrnehmungs- und Bewegungsmöglichkeiten und die Kenntnis seiner Teile und Funktionen aus. Die Entwicklung vollzieht sich entsprechend der motorischen Entwicklungsrichtung cephalocaudal von oben nach unten und von innen nach außen.
Grundlegend für die Entwicklung des Körperschemas sind das kinästhetische System (u. a. Rückmeldung über Spannungszustände, genaue Regulierung und Steuerung von Bewegung), das vestibuläre System (u. a. Rückmeldungen über Haltung und Bewegung) und das taktile System (u. a. Spüren der Körpergrenzen, Spüren der Körperteile über Außenkontakt).
Dabei trägt neben dem eigenen aktiven Wahrnehmen und Bewegen auch das Bewegt- und Berührtwerden zur Entwicklung des Körperschemas bei.
Diese Entwicklung geschieht in Wechselwirkung mit emotionalen, psychosozialen und auch kognitiven Erfahrungen; unter anderem können beispielsweise Krankheit, Behinderungen, emotionale Verfassung und soziales Umfeld die adäquate Ausbildung des Körperschemas beeinträchtigen.
Den eigenen Körper positiv wahrzunehmen und zu erleben, Vertrauen zum eigenen Körper zu haben, sich seines Körpers und seiner Wahrnehmungs- und Bewegungsmöglichkeiten bewusst zu sein, sind wichtige Entwicklungsaspekte des Körperschemas in Hinblick auf Selbstbewusstsein und Selbstvertrauen.
Eine adäquate Sicherheit gebende Vorstellung vom eigenen Körper steht in Wechselwirkung sowohl zur psychosozialen als auch zur motorischen und sensorischen (Weiter-) Entwicklung. Deshalb ist das Körperschema als ganz grundlegender Bereich psychomotorischer Förderung anzusehen; gezielt darauf ausgerichtete motorische und sensorische Erfahrungen tragen dazu bei, ein vollständiges Bild vom eigenen Körper zu entwickeln und damit Handlungs- und Verhaltenssicherheit als Basis für weiteres Lernen zu geben.
Mit etwa 8–12 Jahren ist ein ausreichend vollständiges Bild vom eigenen Körper vorhanden, die Entwicklung aber geht ein Leben lang weiter. Je differenziertere Wahrnehmungs- und Bewegungserfahrungen gemacht werden desto differen-

zierter kann das Körperschema sich ausbilden und desto mehr Möglichkeiten werden eröffnet, sich selbst wahrzunehmen und zu erfahren. Der eigene Körper bietet dann die Möglichkeit, ihn einerseits als verlässlichen Anker zu erleben andererseits besteht eine Offenheit für immer wieder neue körperbezogene Erfahrungen, die ein Stück persönlicher Entwicklung darstellen.

Störungen des Körperschemas

Störungen des Körperschemas können vorliegen, wenn das Konzept vom eigenen Körper unvollständig oder inadäquat entwickelt ist; solche Störungen betreffen einzelne oder mehrere Funktionsbereiche des Körperschemas. Sie zeigen sich zum Beispiel in

- Motorischen Handlungsstörungen (Schwierigkeiten, Bewegungen zu planen und Bewegungsmuster bzw. Bewegungsfolgen durchzuführen)
- Ungeschicklichkeiten (Anstoßen, Umstoßen)
- Geringere Aufmerksamkeitsspanne, da Bewegungsmuster wenig „automatisiert“ sind und die ganze Konzentration für ihren Vollzug gebraucht wird
- Verkehrtes Anziehen
- Lokalisierungsschwierigkeiten von Körperteilen
- Schwierigkeiten mit rechts/links, vorne-hinten Orientierung im Raum und am Körper
- Nicht oder wenig Benutzen bestimmter Körperteile
- Unvollständige Menschzeichnungen(sich selber malen) können als „Grobtest“ Hinweis für ein Entwicklungsproblem des Körperschemas sein

5.1 Dimensionen zum Aufbau des Körperschemas

1. Den eigenen Körper und seine Teile wahrnehmen und identifizieren

In diesem grundlegenden Bereich geht es zunächst darum, dem Kind über Ganzkörperbewegungen wie Rollen, Rutschen und Schaukeln ein ganzheitliches Gefühl für seinen Körper zu vermitteln(korrespondiert mit Inhalten aus dem Bereich ➡ Körpererfahrung); dabei spielt der ganzkörperliche Kontakt mit dem Boden, mit Gerät und Material sowie mit dem Partner eine wichtige Rolle. Weiter geht es hier darum, einzelne Körperteile über entsprechende sensomotorische Erfahrungen differenziert wahrnehmen, einsetzen und benennen zu können.

2. Den eigenen Körper in seinen Ausmaßen erfahren

In diesem Bereich werden die Körpergrenzen und die verschiedenen Formungs- und Ausdehnungsmöglichkeiten des Körpers (rund und klein wie eine Kugel – groß und breit wie eine Eiche) thematisiert.

3. Seitigkeit und Bewegungsrichtungen

Bilateralintegration und Lateralität sind Förderaspekte dieses Bereichs; dabei geht es auch um die Rechts-Links- und Vorne-Hinten- Orientierung am eigenen Körper und die verschiedenen Bewegungsrichtungen. Näheres siehe unter 5.2.3.

4. Den Körper in Ruhe und Wohlspannung spüren
Die Ruhe und Wohlspannung wird durch Ruhepositionen und behutsame Bewegungen in Achtsamkeit auf sich selbst erreicht. Die Körperselbstwahrnehmung wird intensiviert.
Über die Erfahrung des Körpers in einer Wohlspannung wird eine erhöhte Sensibilisierung und psychomotorische Steuerungsmöglichkeit angestrebt und die Vorstellung vom eigenen Körper ausdifferenziert. Das Wort „In der Ruhe liegt die Kraft“ wird hier buchstäblich erfahren.

5. Zentrierung über Atmung und Haltung
Über die Konzentration auf Atmung und Haltung wird der eigene Körper ganzheitlich und sicher zur Schwerkraft erlebt. Entspannende langsame Bewegungen und Positionen , die dem Yoga und Qi Gong entlehnt sind, eignen sich besonders gut, um die Achtsamkeit d. h. die Fokussierung auf das Körper- und Bewegungsgefühl zu fördern. Es geht weniger darum, Haltungen oder Bewegungen exakt einzuüben, sondern über sie die Körper- und Selbstwahrnehmung zu fördern und damit physische und psychische Selbstsicherheit zu vermitteln.

5.2 Spiele zur Förderung des Körperschemas

5.2.1 Den Körper und seine Teile wahrnehmen und identifizieren

Schlangengrube

- **Intention:** Über Rollen, Schlängeln und Rutschen am Boden wird die Vorder- und Rückseite des Rumpfes, das Körperzentrum und die Beweglichkeit der Wirbelsäule wahrgenommen. Durch den Boden als Unterstützungsfläche und Widerstand wird die Körperwahrnehmung intensiviert.
- **Arbeitsform:** Einzeln
- **Material:** Decken

Folgende Tiere sind im Spiel:
1. Eidechse
Sie bewegt sich auf dem Bauch fort. Ellenbogen und Knie einer Seite berühren sich, die Wirbelsäule biegt sich zu dieser Seite. Mit der leichten Streckung dieser Seite gleichzeitigem Anwinkeln der anderen Seite und Gegenbiegung der Wirbelsäule bewegt sich die Eidechse so im „Passgang“ auf dem Bauch hin und her „schaukelnd“ fort.
2. Schlange
In Bauch-, Seit- oder Rückenlage (öfter wechseln) sind die Arme und Beine am Boden lang nach oben und unten gestreckt. In schlängelnder Weise geschieht die Fortbewegung.

3. Bauchwurm
Der Wurm liegt auf dem Bauch, die Unterarme liegen angewinkelt in Kopfhöhe am Boden. Mit ihrer Hilfe zieht der Wurm sich vorwärts oder stößt sich rückwärts über den Boden.
4. Rückenwurm
Dieser Wurm bewegt sich in Rückenlage über den Boden, indem er die Beine und Arme immer wieder anzieht und sich mit den Füßen und Händen abstößt. So bewegt er sich rückwärts fort.
5. Rollwurm
Mit gestreckten Armen und Beinen rollt sich dieser Wurm am Boden entlang und bewegt sich so seitwärts fort.
Jedes Kind probiert zunächst die Fortbewegungen der einzelnen Bodentiere aus und berichtet im Gesprächskreis darüber. Erleichtert werden kann die Bewegung, wenn jedes Kind (oder einzelne) dabei auf einer ausgebreiteten Decke oder einem Laken liegt.
In der **Schlangengrube** (ein definierter großer Kreis) begegnen sich die Bodentiere oder versuchen sich auszuweichen. Je nachdem wie viele verschiedene Tiere vorkommen sollen, wird zum Beispiel ein Viertel der Kinder vorher zum Rückenwurm, Bauchwurm, zur Eidechse oder Schlange bestimmt. Wenn ein Tier in der Schlangengrube ein anderes berührt, das eine andere Tiersorte ist, verwandelt es sich nach dem Kontakt in dieses Tier. Die Bodentiere können sich nur leicht berühren oder aber auch mit viel Körperkontakt über und untereinander fortbewegen. Je nach Grubengröße kann das mehr oder weniger provoziert werden.

„Hot Stones“

- **Intention:** Über taktile und kinästhetische Wahrnehmung spüren der Sandsäckchen auf den eigenen Körperteilen, um diese dann zu benennen
- **Arbeitsform:** Partner
- **Material:** Sandsäckchen oder schwere Kirschkernsäckchen, Flache Kieselsteine

Ein Paar bekommt ca. acht Sandsäckchen. Ein Mitspieler liegt mit geschlossenen Augen in Rücken- oder Bauchlage, während ihm von seinem Partner Sandsäckchen aufgelegt werden. Es werden immer wieder Sandsäckchen weggenommen oder umgelegt. Der Liegende muss erfühlen und benennen, auf welche Stelle seines Körpers ein Säckchen gelegt oder von wo es weggenommen wurde. Es können auch gleichzeitig auf zwei Stellen Sandsäckchen aufgelegt oder davon weggenommen werden.

Erweiterung:

Der agierende Partner legt immer einen Sandsack auf ein Körperteil seines liegenden Partners, welchen dieser dann anspannen muss.

Anmerkung:

Wenn die Sandsäckchen oder Steine vorher auf der Heizung lagen ist diese Übung besonders angenehm.

Ballons in Bewegung

- **Intention:** Bewusstes Einsetzen verschiedener Körperteile
- **Arbeitsform:** Gruppen zu ca. 4–6 Kindern
- **Material:** Luftballons, Riesenluftballons

1–3 Luftballons müssen von der gesamten Gruppe (Kreisaufstellung) in der Luft gehalten werden und dürfen den Boden nicht berühren. Riesenballons schweben noch schöner und sind daher noch besser als Luftballons geeignet. Verschiedene Aufgaben sollen ausprobiert werden:

- der Luftballon wird von den Spielern mit allen möglichen Körperteilen hochgespielt
- dann dürfen die Hände nicht mehr eingesetzt werden, so dass andere Körperteile verstärkt zum Einsatz kommen
- das Gleiche aus der Sitzposition, so dass die Beine stärker einbezogen werden
- alle stehen wieder im Kreis, es wird immer wieder ein Körperteil (Ellenbogen, Ohr, ...) gerufen mit dem die Spieler schnell einmal den Boden berühren müssen, bevor der Ballon zu Boden fällt, d. h. der Ballon muss weiterhin hochgehalten werden
- Die Gruppe muss versuchen, die Ballons ohne Bodenberührung von Matte A zu Matte B zu ticken. Nur jeder zweite Ticker darf mit der Hand sein.

Wettspiel: Die gegnerischen Gruppen sitzen sich in zwei Reihen, jeder Schüler auf einer Teppichfliese, die nicht verlassen werden darf, gegenüber. Jede Gruppe hat einen Ballon, den sie versucht hinter die Gegner in deren Feld zu schlagen. Jeder Bodenkontakt des Ballons hinter den Teppichfliesen der Gegner zählt als Punkt. Schlagen bzw. Abwehren des Ballons mit allen Körperteilen ist erlaubt.

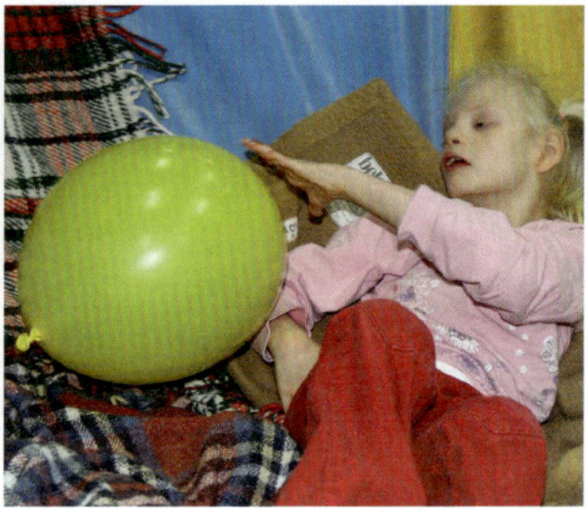

Körperteile antippen

- **Intention:** Körperteile, die am eigenen Körper bekannt sind, bei Anderen wahrnehmen
- **Arbeitsform:** Einzeln/Gruppe
- **Material:** Schaumstücke, Musik, Bettlaken od. Schwungtücher

Jeder Mitspieler hat ein Schaumstück oder ähnliches und bewegt sich mit ihm zur Musik durch den Raum. Wenn die Musik gestoppt wird, ruft der Spielleiter einen beliebigen Körperteil. Die Spieler müssen nun versuchen diesen Körperteil bei möglichst vielen Mitspielern mit dem Schaumstück anzutippen.

Variation:

Ca. die Hälfte der Mitspieler liegt bzw. sitzt zugedeckt unter einem oder mehreren Schwungtüchern während die andere Hälfte durch den Raum geht und die Körperteile der verdeckten Mitspieler antippt. Diese geben Rückmeldung, ob wirklich der geforderte Körperteil angetippt wurde.

Variation: Fechter

Partnerweise stehen die Schüler auf einer Matte. Jeder hat ein Schaumstück als Degen in der Hand mit dem der Fechtkampf ausgetragen wird. Vorher wird festgelegt welche Körperbereiche Tabu sind und wieviele Punkte ein Treffer zählt; je nach Körperteil gibt es unterschiedlich viele Punkte.

Variation: Punktlandungen

Die Partner stehen in ca. 2m Abstand zueinander. Abwechselnd werfen sie sich das Schaumstück im Bogen zu. Der Werfer sagt vorher immer auf welchem Körperteil der Partner das Schaumstück landen lassen soll. Wird z. B. „Rücken" gerufen, muss der annehmende Partner sich so zum Schaumstück hinwenden, dass dieses passend landen kann.

Blinder Packesel

- **Intention:** Orientierung und Konzentration auf einzelne Körperteile
- **Arbeitsform:** Partner
- **Material:** Sandsäckchen

Die Mitspieler werden in zwei Gruppen eingeteilt. Die eine Gruppe stellt die Packesel dar und die andere Gruppe die Bauern. Die Packesel laufen mit geschlossenen Augen durch die Halle, während die Bauern ihnen auf verschiedenste Körperteile Sandsäckchen auflegen. Die Packesel müssen darauf achten, dass die Sandsäckchen nicht herunterfallen und unterstützen dieses durch angemessene Körperhaltungen. Wenn z. B. ein Säckchen auf den Rücken gelegt wird, muss der „Esel" mit gebeugtem Oberkörper weitergehen damit das Säckchen liegen bleibt, wenn das Säckchen auf den Oberarm gelegt wird, muss dieser waagerecht gestreckt werden usw.. Die Sandsäckchen dürfen nicht festgehalten werden. Die Bauern nehmen den Eseln auch mal wieder Säckchen ab und packen sie an eine andere Körperstelle oder bei einem anderen Esel auf. Nach einer Weile wechseln die Rollen.

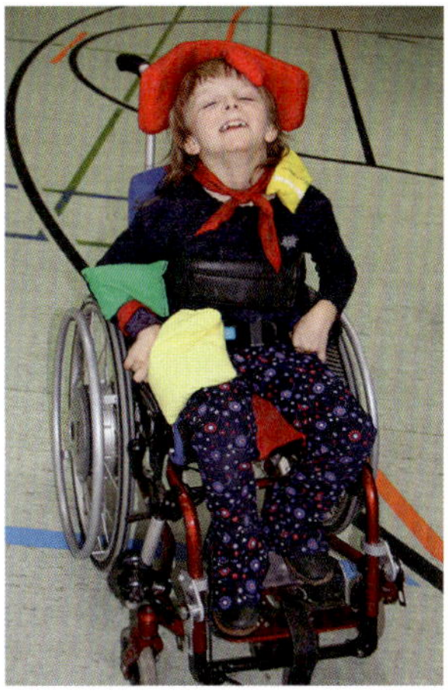

Variation:

- Materialvariation: andere Materialien verwenden
- Erleichterung: mit geöffneten Augen gehen
- Sozialform: ein Packesel besteht aus zwei Personen

Magnetfeld

- **Intention:** Körperteile namentlich kennen und in der Bewegung einsetzen
- **Arbeitsform:** Gesamte Gruppe
- **Material:** bunte Teppichfliesen

Alle laufen zwischen den auf dem Hallenboden verteilten Teppichfliesen umher. Der Spielleiter bestimmt durch Zuruf welche Körperteile von welchen Magnetfle-

cken angezogen werden. Z. B. “Rechter Hüftknochen auf rot.“ Dieses Körperteil muss dann so schnell wie möglich auf einer entsprechenden Fliese platziert werden. Wer als letztes mit dem geforderten Körperteil die genannte Fliesenfarbe berührt wird nächster Spielleiter.
Allmählich werden immer mehr Fliesen aus dem Spiel genommen, so dass es schwieriger wird, schnell mit dem richtigen Körperteil eine richtige Fliese zu berühren.

Körperroller

- **Intention:** Anregen und bewusstes Wahrnehmen aller Körperteile
- **Arbeitsform:** Einzeln
- **Material:** Overbälle

Jede Person bekommt einen Ball (ideal: Overball). Der Ball soll als Massagegerät genutzt werden. Zuerst sollen möglichst alle Körperteile mit dem Ball abgerollt werden. Anschließend wird der Overball auf den Boden gelegt und es wird versucht mit dem Körper über den Ball zu rollen. Dabei wird das ganze Gewicht auf den Ball gegeben und jedes Kind rollt mit dem Rücken, mit dem Bauch, mit den Beinen etc. hin und her über den Ball.
Variation:
- Das Abrollen geschieht mit geschlossenen Augen. So werden der eigene Körper und dessen Einzelteile intensiver wahrgenommen.
- Materialvariation: Durch unterschiedliche Ballbeschaffenheiten ergeben sich verschiedene taktile Rückmeldungen in Bezug auf den Körper.
- Partnerweise: Partner B liegt auf dem Bauch, Partner A rollt, wippt und kreist mit dem Ball alle Körperteile ab, die der Andere sich wünscht.

Klebeball

- **Intention:** Über den Ballkontakt und ungewöhnliche Fortbewegung Wahrnehmen der verschiedensten Körperstellen
- **Bezug zu weiteren Förderbereichen:** Sozialerfahrung
- **Arbeitsform:** Partner
- **Material:** Over- oder Schaumstoffbälle

Partner A bewegt sich mit immer wieder wechselnder Bewegungsart und -richtung durch den Raum, während Partner B mit einem Ball in der Hand den Bewegungen folgen muss. Das geschieht, indem Partner B den Ball an eine angesagte oder ausgewählte Körperstelle von A „klebt“ und die Paare so miteinander verbunden sind. Der Ball darf nicht herunter fallen. Es werden immer wieder neue Körperteile als Andockpunkte ausgewählt.

Es kann auch mit Musik ein **Klebeball-Tanz** gestaltet werden.
Variation: Klebeball-Fangen
Je nach Gruppengröße gibt es einen oder mehrere Fänger mit Klebebällen in der Hand. Wird man von einem Klebeball angetickt, muss man auf diese Körperstelle eine Hand „kleben", darf aber weiter laufen. Wird man ein zweites Mal vom Klebeball erwischt, muss man auf die neue Klebestelle am eigenen Körper seine zweite Hand legen, darf sich aber noch weiter fort bewegen z. B. mit einer Hand auf der Schulter und der anderen auf dem Knie. Beim dritten Abticker muss man stehen bleiben, kann aber erlöst werden, indem ein Mitspieler jede festgeklebte Hand einmal berührt.

Fleißige Ameisen

- **Intention:** Orientierung auf bestimmte Körperteile
- **Arbeitsform:** Gruppen
- **Material:** Sandsäckchen oder ähnliches (z. B.: kleine Steine), Reifen

Die Spieler werden in zwei gleich starke Gruppen unterteilt. Jede Gruppe erhält die gleiche Anzahl (ca. drei Mal so viel wie Gruppenmitglieder) an Sandsäckchen. Die Gruppenmitglieder haben die Aufgabe, jeweils ein Sandsäckchen pro Person auf dem Rücken zu transportieren, um es in den Reifen zu legen, der sich auf der gegenüberliegenden Seite der Halle befindet. Dabei dürfen alle Gruppenmitglieder gleichzeitig arbeiten. Die Hände dürfen nicht zur Hilfe genommen werden. Wenn alle Säckchen im eigenen Reifen abgelegt wurden, dürfen die Säckchen der Gegenmannschaft aus deren Reifen genommen und zum eigenen Startpunkt zurückgebracht werden. Hierbei ist eine andere Transportart vorgegeben, z. B. das Sandsäckchen auf der rechten Schulter oder auf dem Bauch im Krebsgang transportieren. Gewonnen hat die Mannschaft, die zuerst alle Sandsäckchen der Gegenmannschaft am eigenen Startpunkt hat.
Variation:
Es werden während des Spiels immer wieder andere Körperteile gerufen, auf denen ab sofort die Sandsäckchen transportiert werden müssen

Tanz der Bälle

- **Intention:** Wahrnehmung von Druck und Gegendruck auf dem Körper
- **Bezug zu weiteren Förderbereichen:** Sozialerfahrung
- **Arbeitsform:** Partner
- **Material:** Overbälle oder Schaumstoffbälle, ruhige Musik

Die Mitspieler finden sich paarweise zusammen und nehmen sich einen Ball. Der Ball klemmt zwischen den beiden Partnern, während sich diese zur Musik bewegen und darf nicht festgehalten werden. Die Partner bewegen sich umeinander und miteinander in allen Raumebenen und Richtungen um und mit dem Ball, der sie ständig verbindet und nicht fallen darf. Durch die verschiedenen Bewegungen der Partner (nach oben, unten, zur Seite, Drehungen ...) rollt der Ball zwischen ihnen an immer wieder wechselnden Körperstellen.

Erweiterung:

- die Augen werden geschlossen
- die gleiche Übung wird in Dreiergruppen mit zwei Bällen durchgeführt

Körper- Wörter- Chaos

- **Intention:** Körperteile visuell identifizieren und verbalisieren
- **Arbeitsform:** Partner

Zwei Spieler sitzen sich gegenüber. Partner A zeigt nun einen Körperteil an sich, nennt jedoch einen anderen. Er zeigt beispielsweise auf seinen rechten Fuß und sagt: „linkes Auge." Partner B muss dann schnell bei sich selbst auf das von A gezeigte Körperteil tippen und es richtig benennen. Je schneller hintereinander das Zeigen und falsche Benennen erfolgt, desto schwieriger wird es für B richtig zu reagieren.

Erweiterung:

- So sitzen, dass die Beine gekreuzt, im Schneidersitz oder anders verschlungen sind, evtl. auch Arme überkreuzen
- Die Partner sind ineinander verknotet, A zeigt und benennt ein Körperteil von sich oder dem Partner

5.2.2 Den Körper in seinen Ausmaßen erfahren

Sonne, Hagel, Regen, Blitz

- **Intention:** Eigene Körperausmaße im Bezug zum Partner erfahren
- **Bezug zu weiteren Förderbereichen:** Sozialerfahrung
- **Arbeitsform:** Einzeln/Partner

Die Spieler bewegen sich beliebig in der Halle. Der Spielleiter ruft Wetterlagen, nach denen die Mitspieler paarweise richtig agieren sollen:

- Blitz: eckige Körperhaltung wird eingenommen und vom Partner gespiegelt
- Sonne: Bauchlage mit weit ausgestreckten Armen und Beinen von Person A (= Luftmatratze) Person B legt sich entsprechend darauf und sonnt sich

- Regen: einer formt ein Haus in Beugehaltung, der andere hockt sich darunter
- Hagel: einer legt sich auf den Rücken und streckt seine Füße und Hände nach oben, der andere klopft mit seinen Fingerspitzen auf die Fußsohlen und Handflächen

Reifenstechen

- **Intention:** Den Wechsel zwischen groß und klein erfahren
- **Bezug zu weiteren Förderbereichen:** Sozialerfahrung
- **Arbeitsform:** Einzeln/Partner
- **Material:** Reifen, ein Schaumstück

Jeder Mitspieler trägt einen Reifen wie einen Heiligenschein über seinem Kopf. Alle Teilnehmer, mit Ausnahme des Reifenstechers, sind nun Autoreifen, die durcheinander durch den Raum fahren. Der Reifenstecher muss versuchen die Reifen z. B. mit einem Schaumstück zu berühren und sie so „platt" zu machen. Ist der Reifen platt, so hockt sich der betreffende Spieler auf den Boden in seinen Reifen. Er kann erlöst werden, indem sich ein anderer Spieler mit ihm in den Reifen hockt und sie gemeinsam ihre beiden Reifen wieder in die Höhe heben.

Körpergrenzen erspüren

- **Intention:** Körperausmaße und Grenzen wahrnehmen
- **Bezug zu weiteren Förderbereichen:** Zeitwahrnehmung
- **Arbeitsform:** Partner
- **Material:** Bälle

Die Spieler finden sich paarweise zusammen. Partner A liegt mit geschlossenen Augen und weit ausgestreckten Beinen und Armen auf dem Boden während Partner B den liegenden Körper mit dem Ball im gleichmäßigen Tempo umrollt und dabei Ball-Körperkontakt hält. Anschließend umrollt er die liegende Person mit anfänglichem Startkontakt und führt die „Fahrt" dann ohne Kontakt fort. Zu einem beliebigen Zeitpunkt stoppt Partner B und fragt nach dem Standpunkt des Balles. Partner A hat den Weg des Balles an seinem Körper entlang imaginär verfolgt und ortet nun den Ball. Anschließend gibt es eine taktile Rückmeldung von Partner B, indem er die Stelle mit dem Ball berührt und als neuen Startpunkt angibt. Auf diese Weise wird von Stopp-Punkt zu Stopp-Punkt der ganze Körper abgerollt und der Liegende konzentriert sich so auf seine „Außengrenze".

Chinesische Mauer

- **Intention:** Verschiedene Körperausmaße erfahren, indem die Kinder sich als Bausteine der Mauer groß, klein, breit und lang machen bzw. beim Durchsteigen der Mauer sich in ihren Körperausmaßen anpassen müssen
- **Arbeitsform:** Gesamte Gruppe

Ein Fänger befindet sich auf der Mittellinie des Raumes. Er darf sich an dieser Linie entlang bewegen, er darf sie aber nicht verlassen. Diese Linie bildet das Fundament seiner Mauer und er benötigt noch Mauerstücke, um die Mauer zu vervollständigen. Diese Mauerstücke stellen die anderen Mitspieler (Chinesen) dar, wenn sie vom Fänger gefangen wurden. Zuerst stellen sich alle Chinesen an einer Seite der Turnhalle auf. Auf ein akustisches Signal (z. B. Klatschen) des Fängers müssen sie versuchen, den Raum zu durchqueren, ohne auf der Linie gefangen zu werden. Wer gefangen wurde, kann als Mauerstück vom Fänger so auf der Mittellinie platziert werden, dass er den anderen Teilnehmern in der nächsten Runde den Weg versperrt. Z. B. kann eine Liegeposition mit hoch gestrecktem Bein, Grätschstand mit ausgestreckten Armen, Hockstellung oder ähnliches eingenommen werden. Die Chinesen dürfen durch bzw. über die Mauer, jedoch dürfen sie die Bausteine dabei nicht berühren. Der Fänger darf immer die ganze Mauerlinie entlang laufen, die Chinesen dürfen sich nicht zurück, sondern nur vorwärts oder seitwärts bewegen. Die Mauerstücke bewegen sich nicht.

Schrumpfen und Ausdehnen

- **Intention:** Bewegungsausmaße durch übertrieben große bzw. kleine Bewegungsführung erproben
- **Arbeitsform:** Kleingruppen
- **Material:** Musik, die zur Bewegung anregt

Immer ca. 5–6 Schülerinnen bewegen sich nach Musik, die gut Vorstellungen auslöst z. B. Krimimusik, afrikanische Trommelmusik etc. Immer eine Teilnehmerin, die eine Bewegungsassoziation hat, bewegt sich in die Mitte und führt eine recht kleine oder sehr große Bewegung vor, die alle anderen aufnehmen und ständig wiederholen und dabei entweder immer größer (so groß wie nur möglich) oder kleiner werden lassen. Aus einer kleinen Fuß- oder Handbewegung wird also ein riesiger Arm- oder Beinschwung, aus einem kleinen Hüpfer wird ein Grätschsprung oder umgekehrt. Auch eine entsprechende Bewegung zu zweit oder mit der ganzen Gruppe ist möglich. Es gilt mit den verschiedensten Bewegungen eckig, rund, stoßend, fließend etc. zu experimentieren, indem ihr Ausmaß immer ins eine oder andere Extrem verändert wird.

Räubergasse

- **Intention:** Die eigenen Körperausmaße durch klein, breit, eckig usw. machen den Raumgegebenheiten anpassen
- **Arbeitsform:** Kleingruppen zu dritt bzw. zu viert
- **Material:** Seilchen, Teppichfliesen

Die Spieler finden sich in Dreiergruppen zusammen. Mit Hilfe von zwei Seilchen wird eine Gasse gelegt. Zwei Mitspieler stellen sich nun an den Enden der Bahn auf. Der dritte Spieler gibt als Räuber mit seinem Sprung in die Gasse das Startkommando. Er platziert sich möglichst spontan in der Mitte der Bahn und stellt ein Hindernis dar(Grätschstand, Bankstellung, lang am Boden ausgestreckt ...). Beide Passanten müssen jetzt versuchen möglichst schnell das andere Ende der Gasse zu erreichen. Das Hindernis (Räuber) muss dabei überwunden werden, ohne dass es berührt bzw. die Gasse verlassen wird. Wer zuletzt die andere Seite der Gasse erreicht hat, wird in der nächsten Runde zum Räuber. Die Breite der Gasse wird nach einigen Durchgängen immer wieder verändert, so dass der Räuber andere Hindernispositionen einnehmen kann bzw. muss. An die Gassenenden kann als Start- bzw. Zielpunkt ein Reifen oder eine Teppichfliese gelegt werden.

Variationen:

- Der Räuber kann Zusatzmaterial (z. B. Stab) haben und dieses zu seinen Körperpositionen einsetzen.
- 2 Räuber springen gleichzeitig von zwei Seiten als Hindernisse in die etwas längere Gasse.

Oktopus 1,2,3

- **Intention:** Laufspiel bei dem die in Kraken verwandelten Kinder ihre Arme und Beine weit in alle Richtungen strecken müssen, um Gefangene zu machen
- **Arbeitsform:** Gesamte Gruppe
- **Material:** Ein Softball, ein Gymnastikreifen

Ein Kind steht als Abwerfer mit einem Ball in der Mitte der Turnhalle in einem Gymnastikreifen. Die anderen stehen an einer Seite. Ruft der Werfer „Oktopus 1,2,3" müssen alle anderen loslaufen und versuchen, die gegenüberliegende Hallenseite zu erreichen, ohne vom Ball getroffen zu werden. Der Werfer muss beim Wurf im Reifen stehen, er darf diesen nur verlassen, um den Ball wieder zu holen. Getroffene Kinder bleiben an der Stelle stehen und werden in Kraken verwandelt, die dem Werfer helfen: Ihr Po ist am Boden „fest geklebt", aber ihre Beine und Arme können sie in alle Richtungen wie eine Krake weit ausfahren und wenn sie damit einen Läufer berühren, ist dieser auch gefangen und wird zur Krake.

5.2.3 Seitigkeit und Bewegungsrichtungen

Lateralität beinhaltet zunächst einmal die Seitigkeit des menschlichen Körpers und der beiden Hirnhemisphären. Es wird darunter aber auch die Spezialisierung und Dominanz einer Körperseite (und der gegenüberliegenden Hirnhemisphäre) verstanden, die z. B. für automatisierte Bewegungen, schnellere Wahrnehmung und Reaktion und größere Geschicklichkeit oder Kraft bei vielen Alltags- und Bewegungshandlungen förderlich ist. Diese Herausbildung einer leistungsfähigeren Seite d. h. der bevorzugte Gebrauch der linken oder rechten Hand, des linken oder rechten Beines, Auges oder Ohres entwickelt sich im Laufe des Schulalters.
Die Entwicklung der Seitigkeit geschieht über die Bilateralintegration, die Fähigkeit, beide Körperseiten in koordinierter Weise zusammen zu benutzen. In der Bilateralität erfolgt zunächst das symmetrische Zusammenarbeiten, also gleichzeitiges Bewegen beider Hände, Füße, Beine oder Arme, z. B. hüpfen mit beiden Füßen oder wegstoßen eines Balles mit beiden Händen.
Danach arbeiten beide Hände (Füße, ...) immer mehr durch Bilateralintegration zusammen. Eine Hand hält z. B. still während die andere sich bewegt: die rechte Hand nimmt einen Gegenstand und gibt ihn in die Linke. Beide Hände arbeiten schließlich zusammen, indem die eine etwas anderes macht als die andere. Die eine hält und führt das Papier, die andere schneidet mit der Schere. Dabei kommt das Überkreuzen der Körpermittellinie zum Tragen, das die Zusammenarbeit beider Gehirnhälften erfordert und weiter fördert. Zum Beispiel mit der rechten Hand den Strumpf vom linken Fuß ziehen, Krabbeln, Klettern, Gehen.
Entsprechend dieser Entwicklung sind bei der Förderung jeweils Inhalte zur Symmetrie von Händen und Füßen, zur Zusammenarbeit mit unterschiedlichen

Aufgaben z. B. der linken und rechten Hand zum Überkreuzen der Körpermittellinie bis zur Rechts – Links Orientierung zu unterscheiden.
Die Rechts – Links Orientierung (dazu Vorne-, Hinten-Orientierung) erfolgt zunächst am Körper und geht dann in die Bewegungsrichtungen: sich seitlich nach rechts oder links bzw. vorwärts und rückwärts bewegen.

Betübungen

- **Intention:** Symmetrische beidhändige Bewegungen durchführen
- **Arbeitsform:** Einzeln, Partner, Kleingruppen
- **Material:** Luftballon, Pezziball, Chiffontuch

- Luftballon mit gefalteten Händen ticken, einzeln oder partnerweise eine Hindernisbahn entlang.
- einen großen Pezziball im kleinen Kreis oder partnerweise mit gefalteten Händen bzw. mit Doppelfaust einander zu prellen oder im Sitzen einander zustoßen.
- Ein Chiffontuch über die gefalteten Hände legen und es durch hoch schwingen der Hände und Arme in die Luft werfen
- der Partner fängt es mit seinen gefalteten Händen auf. Wenn alle im Kreis stehen und jeder ein Chiffontuch hat, kann die Übung auch im gleichen Rhythmus auf gemeinsames Kommando als Tücherkreisen gestaltet werden.

Vater Abraham

- **Intention:** Symmetrisch beide Hände, Arme, Füße etc. bewegen
- **Arbeitsform:** Gesamte Gruppe im Kreis

Gemeinsam wird das Lied von Vater Abraham gesungen oder gesprochen, die Lehrerin macht die Bewegungen dazu vor, die die Kinder dann mitmachen. Später kann sich dann immer ein anderes Kind eine passende symmetrische Bewegung ausdenken, die die anderen mitmachen. „Vater Abraham, Vater Abraham, sieben Söhne hatte Vater Abraham und sie aßen nichts und sie tranken nichts und sie machten alles so wie ich“:
- beide Füße (stampfen gleichzeitig auf den Boden)

- beide Hände (winken oder spreizen die Finger gleichzeitig auf und zu)
- beide Arme (kreisen gleichzeitig rückwärts oder werden gleichzeitig hoch und runter gestreckt)
- beide Schultern (werden gleichzeitig hoch und runter bewegt)
- beide Ellenbogen (werden im Winkel gleichzeitig zu beiden Seiten nach außen geführt)
- beide Beine, Daumen, Knie ...

Variation: Die Kinder drehen sich zu ihrem Kreisnachbarn, so dass jeder ein Gegenüber hat. Die symmetrischen Bewegungen werden nun aufeinander bezogen gemacht: Handflächen klatschen gegeneinander, Arme kreisen angefasst gemeinsam, Ellenbogen, Füße ticken sich an, Beine grätschen gegengleich auf und zu. Die Partner geben sich die symmetrischen Bewegungen wechselseitig vor.

Flohhüpfen

- **Intention:** Sich beim Sprung mit beiden Füßen gleichzeitig abstoßen und landen, symmetrische Beinbewegung
- **Arbeitsform:** Gesamte Gruppe, einzeln
- **Material:** Teppichfliesen oder Reifen, ein Schaumstück

Im Raum sind viele Teppichfliesen verteilt, so weit von einander entfernt, dass die Schüler gut von einer zur anderen hüpfen können. Aufgabe ist es, sich nur durch Schluss-Sprünge von Fliese zu Fliese fortzubewegen. D.h. Absprung und Landung erfolgen mit beiden Füßen gleichzeitig. Ein Schüler hat ein Schaumstück in der Hand und ist Fänger. Schlägt er damit einen Anderen ab, übernimmt dieser das Schaumstück und ist neuer Fänger.

Medizinball Tunnel

- **Intention:** Symmetrische Arm bzw. Beinbewegungen beim Balltransport, wobei der ganze Körper mit einbezogen ist
- **Arbeitsform:** Kleingruppen zu sechs bis acht Schülern
- **Material:** Medizinbälle

Die Schüler stehen in Grätschstellung hintereinander. Der Erste hält in beiden Händen einen Medizinball und gibt ihn durch die gegrätschten Beine in die Hände des hinter ihm stehenden Schülers. Der Ball darf den Boden nicht berühren und muss immer mit beiden Händen weitergegeben werden. Da er schwer ist, funktioniert das auch gar nicht anders. So wird der Ball bis zum Letzten der Gruppe weitergegeben, dieser läuft damit nach vorne und steht jetzt für den nächsten Durchgang an Position eins.

Variationen:

- Der Ball wird über den Kopf nach hinten gegeben.
- Der Ball wird abwechselnd über den Kopf und durch die Beine nach hinten gegeben.
- Der Ball (besser dann ein Softball) wird in Sitzposition zwischen die Füße genommen und durch eine halbe Rolle rückwärts dem nächsten in seine Füße übergeben.
- Mehrere Gruppen spielen im Wettkampf gegeneinander.

Stabverbindung

- **Intention:** Bilateralintegration. Beide Hände und Arme arbeiten abgestimmt aufeinander zusammen.
- **Bezug zu weiteren Förderbereichen:** Auge-Hand-Koordination
- **Arbeitsform:** Partner
- **Material:** Gymnastikstäbe, Bälle

Die Partner sind mit zwei Stäben verbunden, die sie an den Enden mit den Händen halten, Gesicht zueinander. So gehen und laufen sie durch den Raum, halten die Stäbe mal eng aneinander mal weit auseinander, mal hoch, mal tief, laufen seitwärts drehen Kurven etc. ohne ein anderes Paar anzustoßen.

Stabgassenstaffel: Bei jeder Gruppe stehen die Paare hintereinander in Gassenform, wobei die Stäbe zwischen ihnen abwechselnd hoch und tief gehalten werden. Das Paar, was von vorne mit seinen Stäben verbunden losläuft, muss also abwechselnd über die Stäbe der Gruppenpartner steigen bzw. unter ihnen hindurch gehen ohne sie zu berühren. Am Ende angekommen verlängert das Paar die Gasse durch entsprechende Aufstellung. Das geht so weiter bis z. B.

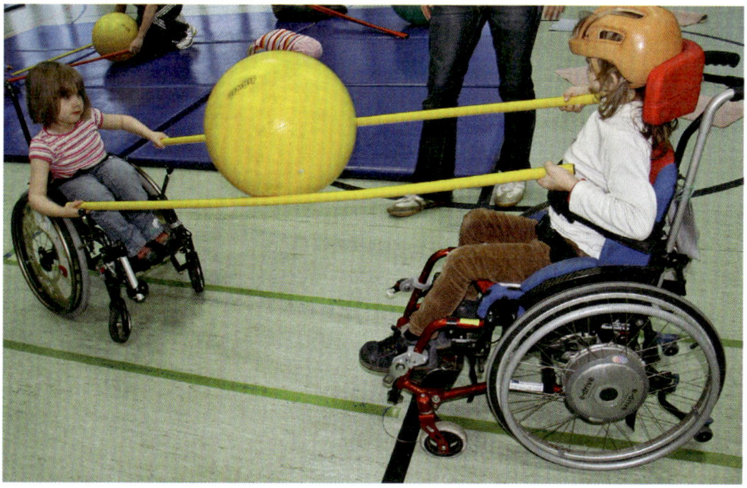

die ganze Gruppe die gegenüber liegende Wand erreicht hat.
Stab-Ball: Verschieden große Bälle auf den Stäben hin und herrollen bzw. mit Hilfe der Stäbe gemeinsam einen Ball transportieren.

Pferdekutsche

- **Intention:** Beide Arme und Hände arbeiten zusammen, indem unterschiedliche Zugrichtungen durch Spannungs- und Kraftvariation ausgeglichen werden
- **Arbeitsform:** Partner
- **Material:** Decken, Laken, Teppichfliesen oder Rollbretter sowie Reifen oder Seilchen

Partner A sitzt auf einer Decke und hält sich mit beiden Händen am Gymnastikreifen von Partner B fest. Partner B, der nun Kutscher ist, kann vorwärts oder rückwärts laufen und muss dabei seine Kutsche hinter sich herziehen, kreuz und quer durch den Raum oder eine bestimmte vorgeschriebene Strecke entlang. Das Spiel ist auch als Wettspiel in Staffelform gut möglich.

Balljagd im Kreis

- **Intention:** Bilateralintegration, beide Hände bzw. Füße arbeiten abgestimmt aufeinander zusammen
- **Arbeitsform:** Gesamte Gruppe im Kreis
- **Material:** Kleine Bälle, Schaumstücke

Alle sitzen oder stehen im Kreis, in dem zwei Bälle einander jagen. Der Balltransport erfolgt immer so, dass der Ball mit der einen Hand genommen wird, zur anderen Hand weiter gegeben oder geworfen oder geprellt und mit dieser dann zum Kreisnachbarn gegeben oder geworfen oder geprellt wird. Welcher Ball schafft es, den anderen zu überholen? Beim Ruf „Wechsel" erfolgt ein sofortiger Richtungswechsel, der das ganze noch spannender macht. In gleicher Weise können Schaumstücke eingesetzt werden, die mit den Füßen am Boden entlang weiter geschoben werden müssen.

Reifentor

- **Intention:** Zusammenarbeit beider Hände beim Agieren mit dem Reifen, Unterschiede beim rechts- bzw. linkshändigen Werfen wahrnehmen
- **Bezug zu weiteren Förderbereichen:** Augen-Hände-Koordination
- **Arbeitsform:** Partner
- **Material:** Soft- oder Overbälle, Gymnastikreifen

1. Partner A hält einen Gymnastikreifen mit beiden Händen, Partner B hat einen Ball. Partner A hält den Reifen mal waagerecht, mal senkrecht, mal rechts, links, hoch, tief. Partner B muss versuchen, mit einhändigem Wurf durch den Reifen zu treffen. Eine Weile wirft er nur mit rechts, dann nur mit links, um Unterschiede wahrzunehmen.
2. Partner B wirft seinen Ball mal mit links, mal mit rechts in einer Wurfbewegung von unten nach oben und Partner B muss versuchen, den Ball durch seinen Reifen landen zu lassen, den er weiterhin mit beiden Händen gefasst hält.

Teppichfliesentwister

- **Intention:** Körpermittellinie überkreuzen, alternierend mit Armen und Beinen
- **Bezug zu weiteren Förderbereichen:** Kleinräumige Bewegungen
- **Arbeitsform:** Kleingruppen zu viert
- **Material:** Teppichfliesen

Immer vier Kinder spielen zusammen. Die verschiedenen bunten Teppichfliesen liegen verstreut auf einer Matte. Ein Kind ist Ansager, die anderen müssen die

Anweisungen umsetzen: z. B. „rechter Fuß auf rot, linke Hand auf gelb, linker Fuß und rechte Hand auf grün, nun linke Hand auf blau“ usw. – solange bis alle umgekippt sind!
Variation: Die bunten Teppichfliesen sind in einem abgegrenzten Spielfeld verteilt. Ziel ist es nun, auf Twisterart (s.o.) von der Startlinie auf die andere Seite bis zur Ziellinie zu gelangen. Wer oder welche Gruppe ist zuerst da? Das Kind, welches die Ansagen macht, kann auch mit einem Farbwürfel und einem Zahlenwürfel, bei dem jeder Zahl vorher ein bestimmtes Körperteil zugeordnet wird, arbeiten.

Sandsäckchen schieben

- **Intention:** Überkreuzen der Körpermittellinie
- **Arbeitsform:** Gruppe
- **Material:** Sandsäckchen, Reifen

Die Gruppenmitglieder sitzen nebeneinander, jeweils im Abstand von zwei Armlängen. Neben dem ersten liegt ein Reifen, in dem sich ein Haufen Sandsäckchen befindet. Die Sandsäckchen sollen so schnell wie möglich zum zweiten Reifen, der am Ende der Reihe neben dem letzten Spieler liegt, befördert werden. Sie dürfen nur mit der rechten Hand von links nach rechts über den Boden geschoben werden. Ertönt der Ruf „Drehen“ müssen alle eine halbe Drehung machen, sodass sie jetzt mit dem Gesicht zur entgegen gesetzten Seite schauen. Der Transport geht ununterbrochen weiter, aber auf dieser Seite darf das Sandsäckchen nur mit der linken Hand weiter geschoben werden. Kommt das Säckchen von links darf es also nur mit rechts, kommt es von rechts darf es nur mit links weiter geschoben werden.
Der Rückweg der Säckchen, nachdem alle im zweiten Reifen gelandet sind, erfolgt genauso, aber jetzt mit den Füßen.
Das Spiel kann als Wettspielstaffel durchgeführt werden.
Variation: kleinere Gegenstände z. B. zwei kleine übereinander gelegte Holzklötze, die nicht herunter fallen dürfen und/oder größere, z. B. Medizinball, verwenden.

Cross-Crawl-Tanz

- **Intention:** Überkreuzen der Körpermittellinie, Kreuzkoordinative Bewegungen mit dem ganzen Körper
- **Arbeitsform:** Gesamte Gruppe, Einzeln
- **Material:** Musik

Nach der Musik wird ein Tanz gestaltet, bei dem immer wieder ein Körperteil der einen Seite mit einem Körperteil der anderen Seite zusammen gebracht wird: linker Ellenbogen tippt auf rechtes Knie und gegengleich, linke Hand berührt rechten Fuß und gegengleich, rechte Hand schlägt gegen linke Pobacke und gegengleich usw.

Bankschätze

- **Intention:** Abwechselnd mit der rechten und linken Hand agieren, dazwischen symmetrische oder kreuzkoordinierte Fortbewegung
- **Arbeitsform:** Gesamte Gruppe, Einzeln
- **Material:** Langbänke, Tücher, Sandsäckchen, Teppichfliesen und weiteres Kleinmaterial

Vier Langbänke stehen in ausreichendem Abstand parallel nebeneinander. Neben jeder Langbank befindet sich ca. alle 1,5 Meter abwechselnd rechts bzw. links am Boden eine Teppichfliese, auf der drei bis vier Sandsäckchen, Tücher oder ähnliches liegen.
Die Kinder bewegen sich auf jeder Bank in anderer Weise fort: gehend, krabbelnd, sich in Bauchlage mit den Armen vorwärts ziehend und in Rückenlage sich mit den Füßen abstoßend oder stattdessen im Sitz mit den Händen und Füßen abstoßend.
An den Stoppstellen beugen sie sich, je nach dem wo die Schätze liegen, nach rechts oder links unten und holen mit der rechten bzw. linken Hand einen Schatz hoch. Diesen transportieren sie bis zur nächsten Stoppstelle und legen ihn mit der anderen Hand auf die Teppichfliese, nehmen einen neuen Schatz auf usw. Am Ende einer Bank angekommen wird der Schatz nur abgelegt, kein neuer aufgenommen und zur nächsten Bank gewechselt.
Variation: In der zweiten Runde werden die Schätze an der ersten Bank nur aufgenommen und gesammelt, bei der zweiten Bank Stück für Stück wieder platziert, bei der dritten Bank wieder eingesammelt usw.

Blinder Kutscher

- **Intention:** Aufmerksamkeit auf die Seitigkeit (rechts – links) lenken
- **Arbeitsform:** Partner
- **Material:** Seilchen (Teppichfliesen, Rollbretter für Variationen)

Die Partner stehen hintereinander und sind durch zwei Seilchen, die sie in ihren Händen halten, miteinander verbunden. Der Vordere ist das ziehende Pferd,

der Hintere der blinde Kutscher. Das Pferd hat die Aufgabe den Kutscher kreuz und quer durch den Raum (in dem es Hindernisse geben kann) zu dirigieren. Die Seilchen bleiben ständig gespannt, es gibt viele Kurven zu laufen, das Pferd zieht immer abwechselnd am rechten (Linkskurve) und linken (Rechtskurve) Seil oder an beiden (geradeaus). Um den links – rechts Wechsel zu verstärken, können Slalombahnen mit Hütchen, Stangen, Teppichfliesen etc. aufgebaut werden.

Variation: Der Kutscher sitzt auf einer umgedrehten Teppichfliese und dirigiert das blinde Pferd durch Anweisungen an welchen Seilseiten es ziehen soll.

Variation mit Rollbrettern: Hierbei sitzt ein Partner auf dem Rollbrett, der andere ist „blind" mit verbundenen oder geschlossenen Augen und schiebt ihn an den Schultern. Der Sehende gibt die Richtungsanweisungen: Rechts, links oder geradeaus. So muss der Blinde ihn durch den Hindernisparcours manövrieren. Als Wettspiel durch einen Slalomparcours ist das Spiel aufregend und lustig.

Rechter oder linker Platz?

- **Intention:** Rechts – links Unterscheidung
- **Arbeitsform:** Gesamte Gruppe im Kreis

Das Spiel ist eine erschwerte Variante des bekannten Spiels „Mein rechter, rechter Platz ist frei". Alle sitzen im Kreis evtl. auf durch Teppichfliesen markierten Plätzen. Ein Platz ist frei. Das Kind, an dessen rechter Seite der Platz frei ist, beginnt: Es klopft mit der rechten Hand (oder dem rechten Fuß) auf den freien Platz und sagt „mein rechter, rechter Platz ist frei – ich wünsche mir Robin als Hubschrauber herbei." Das genannte Kind läuft mit Hubschrauberbewegungen durch den Kreis und setzt sich auf den freien Platz. Wenn es sitzt, ruft es den Namen eines der beiden Kinder zwischen denen jetzt ein Platz frei ist. Dieses Kind ist als nächstes mit Wünschen dran, es muss richtig erkennen ob der freie Platz links oder rechts neben ihm ist und entsprechend formulieren: „mein linker, linker (oder rechter, rechter) Platz ist frei ...“. Es gibt drei Möglichkeiten in denen die anderen hergewünscht werden können und genauso müssen sie sich auch fortbewegen:

1. Hubschrauber: laufen und mit beiden waagerecht gehaltenen Armen kreisen.
2. Elefant: Linke Hand zur Nase führen und den rechten Arm durch den linken nach vorne strecken. Auf diese Weise durch den Kreis laufen.
3. Schlange: linken Arm nach vorne strecken, den Oberkörper dabei vorbeugen und in Schlängelbewegungen, die der linke Arm anführt, durch den Kreis laufen.

Jedes Tier läuft immer, bevor es sich auf den neuen Platz setzt, eine Kreisrunde.

Schaumstoff-Hockey

- **Intention:** Bei der Bewegungssteuerung mit dem Stab eine Hand als Führungshand einsetzen
- **Bezug zu weiteren Förderbereichen:** Augen – Hände – Koordination
- **Arbeitsform:** Gruppen

Jeder Schüler hat einen Stab und ein Schaumstoffteil. Der Stab wird mit beiden Händen so gefasst, dass damit das Schaumstück am Boden entlang geführt werden kann. Jeder probiert erst einmal aus, das Schaumstück durch die Halle am Boden im Gehen und Laufen zu schieben und findet heraus, welche dabei seine Führungshand ist.

Wettrennen: Wer hat sein Schaumstück zuerst über die Linie auf die andere Hallenseite geschoben?
Torschieben: Partner mit nur einem Schaumstück versuchen, es sich gegenseitig abzujagen und in ein Tor zu schieben.
Schaumstofftiger
Kreisaufstellung in sechser Gruppe, in der Mitte steht der Tiger. Die Kreisspieler schieben/schlagen sich das eine im Spiel befindliche Schaumstück über die Kreismitte gegenseitig zu. Der direkte Kreisnachbar darf dabei nicht angespielt werden. Der Tiger muss versuchen mit seinem Stab das Schaumstück zu stoppen. Hat er es geschafft, wechselt derjenige, der es zuletzt geschlagen hat, in die Mitte.
Schaumstoff – Hockey
Zwei Mannschaften zu zwei bis drei Schülern spielen gegeneinander und versuchen einen Punkt zu machen, indem sie das Schaumstück in ein gemeinsames oder – bei zwei Toren – ins gegnerische Tor befördern.

Wo bin ich?

- **Intention:** Vorwärts, rückwärts und rechts – links Bewegungsrichtungen auf verbale Anweisungen umsetzen können
- **Bezug zu weiteren Förderbereichen:** Raumorientierung
- **Arbeitsform:** Partner

Einer der beiden Partner dirigiert den anderen, der die Augen geschlossen hat, durch den Raum. Er sagt ihm wie er gehen soll z. B. fünf Schritte geradeaus, sechs Schritte nach links, zwei nach rechts, usw. zum Schluss bleibt er stehen und soll erraten wo er sich im Raum befindet.

Mechaniker und Roboter

- **Intention:** Bewusst Bewegungsrichtungen vorwärts, rückwärts und seitwärts durchführen
- **Bezug zu weiteren Förderbereichen:** Raumorientierung
- **Arbeitsform:** Partner bzw. Dreiergruppen

Einer der beiden Partner ist Mechaniker, der andere Roboter. Der Mechaniker hat die Aufgabe den Roboter durch den Raum zu dirigieren indem er entsprechende Knöpfe drückt:
- Auf die rechte Schulter tippen: Seitwärtsschritte nach rechts
- auf die linke Schulter tippen: Seitwärtsschritte nach links
- auf die Brust tippen: vorwärts gehen

– auf den Rücken tippen: rückwärts gehen
– auf den Kopf tippen: Stopp

Solange keine andere Information kommt geht der Roboter in steifen Roboterbewegungen immer weiter so wie es der letzte Knopfdruck vorgegeben hat.
Erweiterung: Ein Mechaniker hat zwei Roboter, die an verschiedenen Stellen starten, am laufen und muss versuchen sie so zu dirigieren, dass sie voreinander zum Stehen kommen. Dazu muss er schnell zwischen den beiden hin und herlaufen, um sie mit immer neu angepassten Informationen wohin sie sich bewegen sollen zu versorgen.

Woher kommt der Wind?

- **Intention:** (Bewegungs-) Richtungen in Bezug auf den eigenen Körper wahrnehmen
- **Arbeitsform:** Partner
- **Material:** Schaumstoffteile

1) Die Mitspieler finden sich paarweise zusammen. Partner A steht mit geschlossenen Augen im Raum während Partner B ihm mit einem Schaumstoffteil aus verschiedenen Richtungen Luft zufächert. Partner A soll die Richtung nennen, aus der der Luftstrom kommt (z. B. von „rechts-oben-hinten“).
2) Der Wind schiebt und dirigiert die Bewegungsrichtung von Partner A; d. h. wenn der Wind von hinten kommt, bewegt sich A vorwärts, kommt er von oben duckt sich A nach unten, kommt er von der rechten Seite, bewegt er sich seitwärts nach links etc.

Körperseiten wecken

- **Intention:** Die Seitigkeit des Körpers und seiner Teile erspüren
- **Arbeitsform:** Einzel- und Partneraufgaben
- **Material:** Musik

Alle Kinder sitzen im Kreis mit genügend Abstand voneinander: Wir wollen jetzt unsere rechte Körperhälfte ganz wach machen. Wir klopfen mit beiden Händen unseren rechten Fuß und unser rechtes Bein ab. Von unten nach oben und umgekehrt, vorne, seitlich, hinten, ca. eine Minute in einer Intensität die uns ganz angenehm ist. Danach strecken wir beide Beine aus, schließen die Augen und spüren unser rechtes Bein. Fühlt es sich anders an als das linke?
Nun klopfen wir so ähnlich mit der linken Hand unseren rechten Arm von den Fingerspitzen bis zu den Schultern ab. – Nachdem wir im rechten Arm nachgespürt haben, legen wir uns auf den Rücken und strecken das rechte Bein und

den rechten Arm ein paar Mal in verschiedene Richtungen in die Luft. Danach strecken wir beide am Boden entlang, das Bein in Richtung unten, den Arm in Richtung oben. Dadurch streckt sich die ganze rechte Körperseite.
Nun denk dir Bewegungen aus, die dein rechtes Bein bzw. dein rechter Arm am Boden entlang in dieser Lage machen kann, und führe sie durch. Danach wälzen wir uns ein paar Mal auf die rechte Seite und lassen uns wieder auf den Rücken zurück fallen. Als letztes wecken wir unser rechtes Ohr auf, indem wir es am Rand entlang kneten und am Ohrläppchen lang ziehen und unser rechtes Auge indem wir es ein paar Mal zukneifen. Dann schließen wir die Augen und spüren unsere ganze rechte Körperseite. Fühlt sie sich anders an als die linke? – Nun soll aber auch unsere linke Körperseite schön wach gemacht werden. Es wird wie rechts verfahren.

Aufwecktanz:
Wenn beide Körperhälften wach sind, beginnt der Aufwecktanz für einzelne rechte bzw. linke Körperteile. Es wird zu langsamer Musik getanzt, immer wenn ein Körperteil (z. B. rechter Ellenbogen, linker Fuß, linke Schulter, rechtes Ohr ...) gerufen wird, stoppt die Bewegung und dieser Körperteil wird so weit es geht in die Luft gestreckt.
Wenn so alle Körperteile ganz wach sind, gilt es, die der anderen noch einmal wach zu machen: wird rechte Hüfte, linkes Ohr etc. gerufen, muss der entsprechende Körperteil an dem gleichen bei einem Partner andocken. In der Weiterführung können die jeweiligen Partner noch versuchen ein paar Takte angedockt weiter zu tanzen ...

Schaumstoffdiebstahl

- **Intention:** Bewusstes Agieren mit Richtungen am Körper (oben/unten/vorne/hinten) bzw. in der Erweiterung mit Bewegungsrichtungen(vorwärts, rückwärts. seitwärts, nach unten, oben).
- **Arbeitsform:** Einzeln/Gruppe
- **Material:** Schaumstoffteile

Jeder Teilnehmer bekommt ein Schaumstück, das er sich locker unter den Arm klemmt. Alle laufen jetzt durcheinander und versuchen den anderen die Schaumstücke aus den Armen wegzuziehen. Hat man ein Schaumstück erfolgreich geklaut, so muss man es sich unter den anderen Arm klemmen. Es darf nicht mit der Hand festgehalten werden. Wer keins mehr hat bleibt im Spiel und versucht wieder eines zu erbeuten. Die Grundidee des Schaumstoffklauens wird die ganze Zeit beibehalten, die Positionierung des Schaumstücks aber wird immer wieder auf Anweisung geändert, wobei dabei als Ausgangslage jeder wieder ein Schaumstück hat. Positionierungsanweisungen: das Schaumstück mit einem oder zwei Fingern auf dem Kopf, unter dem Kinn, vor dem Bauch, hinter dem Rücken, unter der anderen Hand, neben der Schulter etc. halten.

Erweiterung:
Der Spielleiter sagt eine Körperstelle an, an der das Schaumstück festgehalten werden soll und man darf sich jetzt nur noch in die entgegen gesetzte Richtung bewegen mit der Vorstellung das Schaumstück drückt einen in die Bewegungsrichtung. Soll beispielsweise das Schaumstück vor den Bauch gehalten werden, darf man nur noch rückwärts laufen, das Schaumstück hinter dem Rücken drückt in die Bewegungsrichtung vorwärts.

Nase führt

- **Intention:** Bewegungsrichtungen durch die Führung einzelner Körperteile bewusst steuern
- **Arbeitsform:** Partner
- **Material:** Musik

Die Mitspieler finden sich paarweise zusammen. Partner A bewegt sich zur Musik im Raum. Partner B nennt ihm einen Körperteil (z. B. rechter Ellenbogen), der die Bewegung von A führen soll. Z. B. führt dann der rechte Ellenbogen die gesamte Bewegung des Körpers, d. h. je nachdem wie der Ellenbogen führt, be-

wegt sich A vorwärts, nach unten, rückwärts usw. Alle Raumebenen und -richtungen sollten dabei genutzt werden. Nach einer Weile nennt B. einen anderen Körperteil usw. Anschließend werden die Rollen getauscht.
Die Vorstellung, eine imaginäre Schnur zieht an dem Körperteil, kann hilfreich sein.
Variation:**Wilde Biene**
Alle Mitspieler bewegen sich kreuz und quer zur Musik durch den Raum. Mit dem ganzen Körper führen sie als wild gewordene Biene ständige abrupte Richtungswechsel aus. Bei jedem Richtungswechsel übernimmt ein anderer Körperteil die Bewegungsführung: Von einer Vorwärtsbewegung geht es plötzlich in eine Seitwärtsbewegung, die von der rechten Hand oder Schulter eingeleitet wird, dann eine plötzliche Wende nach rückwärts, die der Po anführt, dann wieder leitet abrupt die linke Hüfte eine Seitwärtsbewegung ein usw.
Schnelle Musik sollte dabei unterstützend eingesetzt werden. Die wilden Bienen können individuell selbstständig die schnellen Wechsel initiieren oder die Lehrerin ruft die Körperteile zu.

5.2.4 Den Körper in Ruhe und Wohlspannung spüren

Rückeninstrumente

- **Intention:** Als Gruppe zur gemeinsamen Zentrierung und Ruhe kommen indem nach rhythmischer Musik dem Partner eine Klopfmassage der Schultern und des Rückens gegeben bzw. gleichzeitig eine solche Massage empfangen wird.
- **Bezug zu weiteren Förderbereichen:** Sozialerfahrung, Taktile Wahrnehmung
- **Arbeitsform:** Gesamte Gruppe im Kreis
- **Material:** Rhythmische Musik

Alle sitzen oder stehen in einem engen Kreis, sodass jeder gut den Rücken seines Vorderen berühren kann.
Stellt euch vor, der Rücken und die Schultern desjenigen, der vor euch sitzt, ist ein Keyboard und eine Schlagzeuganlage auf der ihr nun entsprechend der Musik spielt. Lasst euch von der Musik inspirieren und nutzt die Instrumente, so dass ihr das Stück für euren Partner vor euch spielt. Was hat er wohl besonders gern? Nach einer Weile schließt die Augen und spielt so weiter. Spürt und genießt dabei gleichzeitig was euer Partner hinter euch für euch spielt.
Nach ca. 3–4 Minuten endet die Musik, alle drehen sich ohne zu sprechen um, sodass jeder denjenigen, der hinter ihm saß, jetzt vor sich hat. Die Schultern und der Rücken stellen nun ein großes Saiteninstrument dar, das auf verschiedene Weise mit der Handkante, den Fingerkuppen, dem ganzen Unterarm oder der flachen Hand gestrichen werden kann. Spielt auch hier ein variationsreiches Stück für euren Partner nach der Musik.

Variation ohne Musik:
Die Massage wird durch Erzählungen angeleitet: Tiere, die im Laufe des Tages zum Trinken an den Fluss kommen wie Grashüpfer, Schlangen, Raubkatzen auf ihren Pfoten, Bären etc. oder in der Autowaschanlage, wo es verschiedene Wasserstrahlen, Bürsten und Polituren gibt.
Wenn der Wechsel zwischen Ruhe und Bewegung direkt thematisiert werden soll, können die Schüler sich vor bzw. zwischen den Kreismassagen entsprechend der Musik bzw. als entsprechende Tiere durch den Raum über Hindernisse (evtl. mit weiteren Zusatzaufgaben) bewegen.

Luftballonkissen

- **Intention:** Nach aktiver Bewegung im Ruhezustand bewusstes Erspüren aller Körperbereiche durch Gewichtabgabe der Körperteile an den Luftballon
- **Arbeitsform:** Einzeln, kann aber auch gut in Partnerarbeit gestaltet werden
- **Material:** Nicht prall aufgeblasene Luftballons, evtl. ruhige Musik

Jede Schülerin hat einen nur soweit wie nötig (nicht prall) aufgeblasenen Luftballon, mit dem sie sich durch die Halle bewegt, ohne dass der Ballon zu Boden fällt. Nach einer Weile können sich zwei bis vier Kinder zusammentun, sich ihre Ballons zuticken bzw. sie in Sitzposition gemeinsam mit Arm- und Beineinsatz in der Luft halten. Nach dieser oder einer ähnlichen Aktionsphase geht es anschließend darum, den eigenen Körper mit Hilfe des Luftballons in Ruhe zu erspüren. Die einzelnen Schritte werden begleitend angesagt.
- Wir klopfen mit dem Luftballon unseren ganzen Körper ab, von den Füßen bis zum Kopf. Zunächst einmal ganz locker, indem wir den Luftballon nur am Nippel anfassen, danach etwas intensiver, indem wir ihn mit der ganzen

Hand fassen und ihn klopfend überall unseren Körper entlang hopsen lassen. Horcht dabei einmal auf die unterschiedlichen Töne, die entstehen.

- Wir halten den Ballon zwischen unseren Händen, schließen die Augen und versuchen die Verbindung zwischen unseren Händen zu spüren, eine Hand spürt die andere.
- Wir legen uns auf den Rücken und legen vorsichtig unseren Kopf auf den Luftballon. Wir geben das ganze Gewicht des Kopfes an den Ballon ab, dabei können wir spüren wie schwer der Kopf ist, wir bewegen ihn auch langsam hin und her auf unserem Ballonkissen.
- Nun legen wir uns langsam mit unserem Rücken in Höhe der Schultern auf den Ballon, so dass der Kopf etwas nach hinten hängt. Wie fühlt sich das an, spürst du, dass dabei dein Brustkorb sich vorne etwas dehnt?
- Auf diese Weise wird der Ballon Stück für Stück nach unten verschoben, so dass die Wirbelsäule, das Becken, der Oberschenkel, die Kniekehle, der Fuß usw. ihr Gewicht an das Luftballonkissen abgeben können.
- Das gleiche wird in ähnlicher Form anschließend in Bauchlage durchgeführt
- Zum Schluss stehen wir auf und legen unser Ballonkissen neben unseren linken Fuß. Wir verwurzeln uns gut im Boden und stellen dann den linken Fuß auf unser Kissen, wir lassen das ganze Gewicht des Beines in das Luftballonkissen sinken. Dasgleiche machen wir anschließend mit dem rechten Bein.

Als gemeinsamer Abschluss, aber auch gut als Übung für sich, bietet sich sehr schön das große **Luftkissenbett** an:
Alle (bzw. noch mehr) Luftballons werden nebeneinander auf eine Matte gelegt, so viele, dass eine Person von Kopf bis Fuß gut unterstützt darauf liegen kann. Über die Ballons wird ein Laken oder Schwungtuch gelegt. Alle verteilen sich rundherum und fassen das Tuch an. Ein Schüler legt sich vorsichtig in Rückenlage auf das Luftkissenbett und kann nun genießen von den anderen, die sachte am Tuch ziehen, auf den vielen Luftblasen leicht bewegt und massiert zu werden.
Variation: Man kann dasselbe auch zunächst einmal mit Overballs durch führen, so dass später beim Luftballon schon eine gewisse Vertrautheit vorhanden ist.

Rückenwiegen

- **Intention:** Über den Kontakt mit dem Partner den eigenen Rücken in der Entspannung spüren
- **Bezug zu weiteren Förderbereichen:** Sozial- und Körpererfahrung
- **Arbeitsform:** Partner
- **Material:** Matten, Entspannungsmusik

1. Teil
Die Schüler setzen sich paarweise Rücken an Rücken auf eine Matte und haken sich mit den Armen ein. Gemeinsam machen sie kleine Schaukelbewegungen

nach rechts und links, nach vorne und hinten und auch im Kreis. Nach einer Weile sollen dabei die Augen geschlossen werden und beide können einmal versuchen ob es ihnen angenehm ist, den Kopf auf die Schulter des Partners sinken zu lassen, so dass er sanft hin und her gewiegt wird. Manchmal geht es besser, die Köpfe nicht gleichzeitig abzulegen, sondern erst wiegt der eine Partner den Kopf des anderen auf seiner Schulter und dann wird gewechselt.
Dann schwingt das gemeinsame Wiegen langsam aus, die Partner sitzen still, die Arme können ausgehakt werden, und beide spüren noch einmal ihren Rücken am anderen.

2. Teil
Nun legt sich ein Partner in Bauchlage, Kopf auf oder zwischen den Händen ruhend, die Beine leicht gespreizt auf die Matte. Der Andere legt sich in Rückenlage so auf seinen Partner, dass er von dessen Po im unteren Rücken gestützt wird, der Kopf liegt ungefähr zwischen den Schulterblättern die Beine zwischen den Beinen des unten Liegenden, die Arme liegen locker seitlich wobei die Unterarme den Boden berühren.
So sollen beide zunächst einmal bequem aufeinander liegen, die Augen schließen, spüren wie es sich anfühlt, jemanden in dieser Position im Rücken zu haben und sich entspannen.
Nach einer Weile beginnt dann der Untere seinen Partner sanft zu wiegen in dem er sein Becken in alle möglichen Richtungen bewegt, dann auch mal die Wirbelsäule und die Schultern. Er kann alle möglichen Bewegungen ausprobieren, sie sollten allerdings fließend sein, damit der Partner sich dabei entspannen kann. Der oben Liegende spürt seinen Rücken im sanften Bewegt werden und genießt die Entspannung. Er kann auch seinem Partner Rückmeldung geben, was dieser vielleicht noch einmal machen soll, weil es besonders angenehm war.

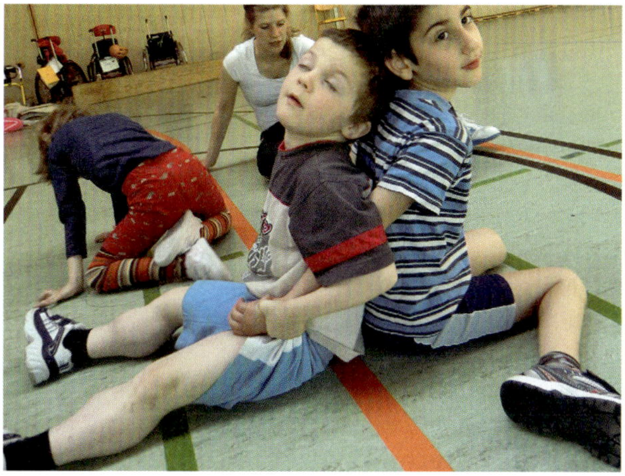

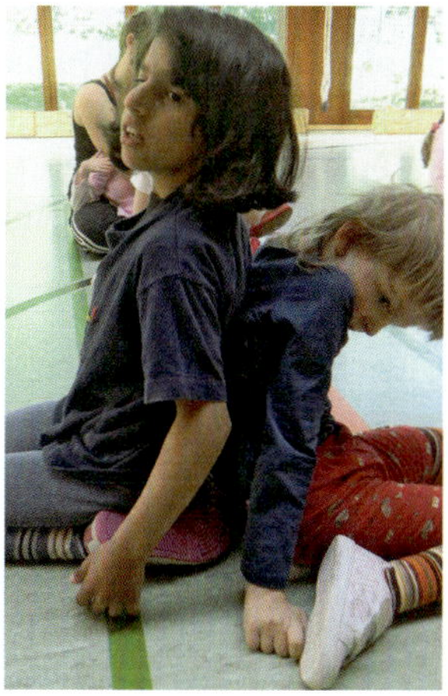

Kreis-Massage

- **Intention:** In der Gruppe zur Ruhe kommen, Konzentration auf die Körperwahrnehmung
- **Bezug zu weiteren Förderbereichen:** Sozialerfahrung
- **Arbeitsform:** Gesamte Gruppe im Kreis
- **Material:** Evtl. Entspannungsmusik im Hintergrund

Alle sitzen eng hintereinander im Kreis, sodass jeder gut seine Hände auf die Schultern des Vorderen legen kann. Nun kann die Massage beginnen, z. B. gestaltet als „Wettermassage“:
Erst einmal wird der Rücken aufgeweckt durch Streichen von den Schultern bis zum Becken und vom Hals an neben der Wirbelsäule gleichzeitig nach rechts und links außen, von oben bis unten. Die Streichbewegungen von oben nach unten und von der Mitte zur Seite erfolgen erst ganz sanft und locker, dann mit leichtem Druck. Nun ist der Rücken wach für das Wetter:
Wolken: punktuell kleine Kreisbewegungen mit den Fäusten.
Sonne: große runde Kreise mit der flachen Hand, danach Strahlen: mit den Fingerkuppen der leicht gespreizten Hände, Strahlen immer von der Mitte nach außen zu allen Seiten streichen.
Regen: Mit den Fingerkuppen aller zehn Finger wie beim Klavierspielen auf dem Kopf die Regentropfen tanzen lassen, dann langsam am Hals entlang, auf den Schultern usw.
Wind: leichte lange Wischbewegungen kreuz und quer auf dem Rücken.
Hagel: Trommeln mit allen zehn Fingerkuppen gleichzeitig.
Blitze: mit den Handkanten „Striche“ auf den Schultern und neben der Wirbelsäule entlang ziehen.
Das Wetter wechselt nach einiger Zeit immer wieder, es gibt durchaus auch mehrere Regenschauer etc. zum Schluss scheint allerdings immer die Sonne!
Nach einer Runde können sich alle umdrehen und bekommen nun eine schöne Massage von demjenigen dessen Rücken sie gerade bearbeitet haben.
Variation im Stehen: Diese Variante dauert länger, ist in jeder Beziehung intensiver, die Arme und Beine sind einbezogen, die Konzentration auf sich selbst ist größer. Die Schülerinnen stellen sich im Doppelkreis auf, so dass jede im Innenkreis eine Partnerin hinter sich im Außenkreis stehen hat. Die Personen im Innenkreis können die Augen schließen.

1. Wir streichen unsere Partnerin vor uns von Kopf bis zu den Füßen in langen Streichbewegungen aus. Langsam und etliche Male, auch die Arme von den Schultern bis zu den Fingerspitzen und die Beine seitlich, vorne und hinten werden nicht vergessen. Nun gehen wir ohne zu sprechen ein oder zwei Schritte nach rechts und stehen jetzt hinter unserer nächsten Kreispartnerin.
2. Wir klopfen mit unseren zehn Fingerkuppen gründlich die Schultern und anschließend den Rücken der Vorderen ab. Anschließend wird wieder zur nächsten Person des Innenkreises gewechselt.

3. Nun nehmen wir uns die Arme unserer nächsten Partnerin vor: wir legen eine Hand auf einen Muskel und fassen ihn von außen an, indem wir ihn ein bisschen zusammen drücken und gleichzeitig leicht nach oben ziehen. So begrüßen wir alle Muskeln des Armes. Einfacher: Wir fassen überall am Arm abwechselnd an mit leichtem Druck, so als wollten wir allen Stellen des Armes „guten Tag“ sagen. So wandern wir mit unserem Händedruck abwechselnd mit unserer rechten und linken Hand den ganzen Arm hinauf und hinunter von den Fingern bis zu den Schultern und zurück, aber alles langsam und ruhig, mehrfach.

– Wechsel zur nächsten Partnerin.

So geht es weiter bis alle sich wieder in ihrer Ausgangsposition befinden. Der Innenkreis sollte ca. sechs bis sieben Teilnehmer haben, das heißt, dass die Anleitung darauf abgestimmt sein muss. Der Schluss sollte immer ein ganz leichtes Streichen der gesamten Rückseite mit den Fingerkuppen sein. Der Innenkreis kann natürlich auch aus drei Schülern bestehen und der Außenkreis geht zwei Mal herum. Bevor der Wechsel von Innen- und Außenkreis erfolgt, spüren die Innenkreisteilnehmer noch einen Moment nach wie sie sich fühlen, was die Massage bewirkt hat. Je nach Gruppe kann die Anleitung mit einer Geschichte oder Imagination verknüpft werden

Vampir-Schlaf

- **Intention:** Zur Ruhe kommen, körperliche Ruhe zulassen und erspüren, Wechsel von Ruhe und Bewegung
- **Arbeitsform:** Partner
- **Material:** Bierdeckel oder große gesammelte Herbstblätter, evtl. Matten, Decken

Person A liegt in Bauchlage auf einer Matte, Decke oder dem Boden. Die Partnerin hat einen Haufen Bierdeckel (Herbstblätter) und deckt damit langsam die liegende zu. Mit leichtem Druck wird Bierdeckel für Bierdeckel langsam von den Füßen beginnend abgelegt bis der ganze Körper gut bedeckt ist. Unter dieser „Decke“ darf der Vampir seine Ruhe genießen.

Nach ca. einer Minute beginnt dann die Partnerin in umgekehrter Reihenfolge, also von oben nach unten, die Bierdeckel wieder abzunehmen. Jeder einzelne Bierdeckel wird mit einer leichten „Wischbewegung“ vom Körper abgezogen, langsam einer nach dem anderen.

Vampir-Spiel: Hierbei geht es mehr um die Erfahrung von Ruhe im Wechsel mit Aktion. Nachdem die Vampire alle bedeckt sind, gehen die anderen zwischen ihnen im Raum herum; auf ein schrilles 24.00 Uhr Zeichen erwachen die Vampire, springen auf und versuchen ihren Partner zu fangen, bevor der es geschafft hat, 6 Bierdeckel einzusammeln.

Spuren im Sand

- **Intention:** Durch kleine ruhige Bewegungen im Kontakt mit dem Boden den eigenen Körper spüren und sensibilisieren.
- **Arbeitsform:** Einzeln
- **Material:** Evtl. Decken als Unterlage, ruhige Musik (mit Meeresrauschen)

Alle Kinder liegen in Rückenlage am Boden und haben die Augen geschlossen. Wir beginnen mit einer kleinen Phantasiegeschichte.
Stell dir vor, du liegst am Strand im warmen Sand. ____
Der Sand unter dir ist ganz fein, sehr hell und ganz warm. ____
Über dir scheint die Sonne am blauen Himmel und wärmt deinen ganzen Körper. Dein Gesicht, deine Beine, deine Füße, Arme, Bauch ... alle sind richtig schön warm von der Sonne. ____
Ab und an spürst du auch etwas Wind. Es ist angenehm wie er leicht über deinen Körper weht. ____ Manchmal sind dabei auch Sandkörner mit in der Luft, die du auf deiner Haut spürst ____ Du hörst auch die Wellen wie sie vorne auf den Strand schwappen und dann wieder zurücklaufen ____ Fast so wie dein Atem ganz ruhig und gleichmäßig geht, nämlich ein – aus, ein – aus so laufen auch die Wellen zurück und vor, zurück und vor. Über dir segelt eine Möwe im Wind wie sich das wohl anfühlt? ____
Die Phantasiegeschichte geht nun über in reale kleine Spürbewegungen:
Nun beginnst du dich ein ganz bisschen im Sand zu bewegen. Es ist mehr so ein Räkeln, als wenn du deine Lage im Sand bessern willst. Drück mit dem Po eine kleine Kuhle in den Sand. Auch den Kopf kannst du leicht hin und her bewegen bis du eine angenehme Kuhle für ihn im Sand hast. ____ Probier das auch mit anderen Körperteilen aus, vielleicht möchte ja dein Arm noch ein bisschen tiefer im Sand liegen oder dein Fuß? ____
Irgendwann kannst du dann anfangen, auch größere Bewegungen zu machen und damit Spuren im Sand hinterlassen z. B. indem du ein Bein oder einen Arm hin und her bewegst, mit der gespreizten Hand Kurven durch den Sand harkst, mit den Hacken oder der Ferse eine Rinne gräbst ... Stell dir die Spuren, die du durch deine Bewegungen hinterlässt, vor. Du kannst sozusagen ein Sandspurenbild herstellen. ____ Du kannst dich dann auch mal auf die Seite und auch in Bauchlage drehen und in dieser Lage neue Spuren machen. ____
Zum Schluss roll dich noch zwei bis drei Mal ganz langsam und ganz schwer ohne Anstrengung von der Bauch- in die Rückenlage und wieder zurück, so dass sich das Gewicht deines Körpers in den Sand drückt. Dann bleib in einer Lage, die dir angenehm ist, liegen und spür noch einmal nach. Wie fühlst du dich jetzt? Ist dein Körper überall wach geworden? Fühlt er sich wohlig an, leicht oder schwer? Gibt es Körperteile mit denen du besonders gerne Spuren im Sand gemacht hast?

Meister der Selbstbeherrschung

- **Intention:** Ausprobieren und Erfahren: Wie lange kann ich ruhig und ohne mich zu bewegen liegen bleiben
- **Arbeitsform:** Gesamte Gruppe oder zwei bis drei Untergruppen
- **Material:** Mindestens ein großes Schwungtuch

Alle Kinder liegen auf dem Boden und sind von einem großen Schwungtuch bedeckt. Gesucht wird der „Meister der Selbstbeherrschung". Das ist derjenige, der es am längsten schafft, ruhig und ohne Bewegung unter dem Tuch liegen zu bleiben. Jeder, der sich ein bisschen bewegt, wird von der Lehrerin angetippt und muss unter dem Tuch hervorkommen. Der letzte (vielleicht sind es bei einem Durchgang auch mal zwei Kinder) wird zum „Meister der Selbstbeherrschung" gekürt.

Mausetot

- **Intention:** Möglichst lange bewegungslos im „Schlappen Tonus" bleiben können
- **Arbeitsform:** Kleingruppen zu ca. 4–5 Kindern

Ein Kind pro Kleingruppe legt sich als tote Maus bewegungslos und schlapp entspannt auf den Boden; die anderen schleichen als Katzen um sie herum und untersuchen, ob sie wirklich tot ist, d.h. sich nicht bewegt und schwere schlappe Arme und Beine hat; schafft die Maus es, sich eine Minute tot zu stellen, gehen die Katzen weg, denn sie sind nur an lebendigen Mäusen interessiert. Schaffen es alle Gruppenmitglieder tote Maus zu sein?

Schlafender Riese

- **Intention:** Erfahrung von Ruhe und Stille durch Liegen mit geschlossenen Augen und leises geräuschloses Bewegen
- **Arbeitsform:** Gesamte Gruppe

Alle Kinder liegen ruhig mit geschlossenen Augen auf dem Boden. Unter ihnen befindet sich auch der schlafende Riese, aber welches Kind ist der schlafende Riese? Die Lehrerin flüstert einem Zwerg leise ins Ohr: „Leon ist der schlafende Riese." Der Zwerg öffnet die Augen, schleicht sich leise zu einem anderen Zwerg und gibt ihm flüsternd die Botschaft weiter.

Alles geschieht ganz ruhig und so leise, dass der schlafende Riese niemals seinen Namen hört. So wird jeder Zwerg geweckt und kann sich, nachdem er die Botschaft weitergegeben hat, zur Seite schleichen; bis zum Schluss nur noch der schlafende Riese übrig bleibt.

Gelenke schlenkern

- **Intention:** Gelenke in entspannter lockerer Beweglichkeit erfahren. Darüber Durchlässigkeit und Verbindung aller Teile spüren.
- **Arbeitsform:** Einzeln
- **Material:** Matten oder Decken, Musik

1. Im Stand mit Musikunterstützung(Schnelle Trommelmusik)
Wir schütteln und Rütteln unseren ganzen Körper und alle Gelenke:
Immer wieder wechseln zwischen:
a) Hüpfen – schütteln: Die Füße (oder ein Fuß) lösen sich dabei vom Boden und
b) **Vibrieren:** Schnelles Strecken und Beugen aus den Knien heraus, d.h. Füße lösen sich nicht vom Boden.
Der ganze Körper auch Arme und Kopf sind beteiligt.
Zum Schluss stehen wir noch einmal mit geschlossenen Augen und spüren nach wie sich unser Körper jetzt anfühlt.

2. Im Liegen
Anschließend beginnen wir in Rückenlage auf der Matte, nacheinander alle Gelenke zu bewegen (Kleine Dreh-, Roll- und Kippbewegungen).

- Der Reihe nach anleiten: von den Zehen, Füßen anfangend bis Kopf, Finger.
- Jeder kann für sich experimentieren eventuell mit dem Vorstellungsbild „Wir sind Meeresalgen und die Wellen bewegen uns". Die Augen können dabei geschlossen werden. Zum Schluss spüren wir noch einmal still nach wie wir uns fühlen.

Sinnvoll ist wieder eine passende Musikunterstützung.

5.2.5 Zentrierung über Atmung und Haltung

Glöckchen sitzen

- **Intention:** Gemeinsame Stilleübung in der Gruppe bei der die entspannte Sitzhaltung mit aufrechter Wirbelsäule im Schneider- bzw. Fersenkniesitz geübt wird.
- **Arbeitsform:** Gruppe(n) von sechs Kindern
- **Material:** Glöckchen, Schellenband oder Triangel, Teppichfliesen

Alle sitzen im Kreis im Schneidersitz. Die Wirbelsäule ist gerade aufgerichtet. Die Hände werden locker auf den Knien mit den Handinnenflächen nach oben aufgelegt: Wir spüren uns in diese Haltung hinein, schließen die Augen und stellen uns vor, dass oben in der Mitte unseres Kopfes ein Faden angebracht ist, wie bei einer Marionette, der uns senkrecht noch ein bisschen nach oben zieht. So ist unsere Wirbelsäule gerade und unser Atem kann frei fließen. Wir beobachten, wie unser Atem ganz von selbst ständig in Ruhe ein- und wieder ausströmt.

Nun steht ein vorher bestimmtes Kind leise auf, nimmt das bereit liegende kleine Glöckchen, geht leise um den Kreis herum und bleibt schließlich bei einem Kind stehen. Es läutet das Glöckchen an seinem Ohr, woraufhin dieses Kind die Augen öffnet, aufsteht, den Platz und das Glöckchen mit dem Partner tauscht und nun selbst leise um den Kreis geht. Zum Schluss sitzen alle Kinder an einem anderen Platz im Kreis. Man kann die Sitzplätze vorher markieren, indem jedes Kind eine Teppichfliese als Unterlage bekommt.
Variation: Es werden zwei Runden gespielt, wobei man zunächst im Schneidersitz sitzt, sich aber beim zweiten Platzwechsel anschließend in den Fersensitz begibt. Falls noch eine dritte Runde angeschlossen wird, sitzt am Schluss wieder jeder im Schneidersitz.

Schmetterlingskegeln

- **Intention:** Spüren und Spielen mit der Körpermitte, indem die Schmetterlingshaltung eingenommen, gehalten und variiert wird
- **Arbeitsform:** Kleingruppen
- **Material:** Bälle

Zunächst einmal wird der Schmetterlings-Sitz eingeführt und geübt:
Im aufrechten Sitz werden beide Fußsohlen aneinander gelegt, die Hände umfassen die Zehen und ziehen die Füße am Boden möglichst nah an den Körper. Die Knie fallen locker Richtung Boden: Wir wippen mit den Oberschenkeln wie

ein Schmetterling mit seinen Flügeln und lassen dann unsere Oberschenkel noch näher zum Boden sinken. So sitzen wir als Schmetterling auf der schönen Blüte einer Blume. Dann fliegen wir wieder los indem wir wieder mit unseren Oberschenkeln wie mit Flügeln wippen und lassen uns dann mit ausgebreiteten Flügeln auf einer anderen Blume nieder. ____

Nun Probieren wir, wie es ist, wenn wir uns nach vorne beugen und unser Kopf fast die Füße berührt. Anschließend können wir Schmetterlings-Schaukeln ausprobieren: Wir rollen uns zurück, so dass unser Rücken und Kopf den Boden berühren und mit Schwung wieder zurück in den Sitz. ____

Wir können auch nach rechts und links schaukeln, so dass mal das rechte, mal das linke angewinkelte Bein den Boden berührt. Aber wir behalten dabei ständig die Schmetterlingsgrundhaltung vom Anfang bei, unsere Hände umschließen weiter die Zehen. Bei diesen Bewegungen holen wir unsere Kraft aus unserer Körpermitte, um die wir uns in alle Richtungen bewegen.

Spiel: Schmetterlingskegeln

Bis auf zwei Mitspieler sitzen alle Schülerinnen als Schmetterlinge in entsprechender Haltung in einem kleinen Spielfeld verteilt. Hinter den beiden Grundlinien steht jeweils ein Mitspieler als Kegler. Die Kegler rollen einen größeren Ball durchs Feld von einer Seite zur anderen und versuchen dabei einen Schmetterling an einem Flügel zu treffen. Die Schmetterlinge können ausweichen indem sie nach rechts, links schaukeln oder rückwärts rollen, aber die Grundhaltung darf nie aufgelöst werden. Derjenige dessen Flügel getroffen wurde, wird zum Kegler.

Atem- und Bewegungsübungen

- **Intention:** Zentrierung über die Aufmerksamkeit auf die Atmung, wobei die Atmung durch verschiedene Bewegungen unterstützt wird
- **Material:** Musik

Luftballon
Alle Kinder stellen sich angefasst im Kreis auf. Die Vorstellung ist, dass sie gemeinsam einen Luftballon darstellen, der aufgeblasen wird und aus dem dann die Luft wieder entweicht.
Alle gehen als Ausgangsposition in die Hocke und richten sich mit der Einatmung durch die Nase auf, wobei gleichzeitig die Arme immer weiter nach oben gestreckt werden bis der Einatem seinen höchsten Punkt erreicht hat, der Luftballon also voll aufgeblasen ist. Mit dem geräuschvollen Ausatmen durch den Mund und gleichzeitig wieder in die Hocke gehen wird der Luftballon ausgelassen.
So wird der große Luftballon mehrmals ganz oder halb oder auch mal viertel voll aufgeblasen und die Luft wieder herausgelassen.
Anschließend eine Variation: Die Kinder sind nicht angefasst und befinden sich in etwas größerem Abstand voneinander. Einatmen ähnlich wie vorher, beim Ausatmen also Luftablassen kann jeder ein bisschen wie ein losgelassener Luftballon am Platz trudeln und dann zu Boden gehen. Alles mit geräuschvollem Ausatmen aus dem Mund. Beim Schlussdurchgang wird laut „Peng" gerufen, denn der Luftballon platzt am Ende des Aufblasens in viele Stücke auseinander, die mit dem Ausatmen durch den Raum trudeln und am Boden landen.
Variation: Ähnlich im Kreis kann man diese Atembewegungsübung auch als Blume, deren Blüten um den Blütenkorb sich morgens bei Sonne langsam öffnen und abends wieder schließen, gestalten.

Wäsche im Wind
Alle Kinder stehen im Kreis nebeneinander mit gegrätschten Beinen. Beim Einatmen durch die Nase werden die gestreckten Arme parallel nach oben geführt bis in die Senkrechte. Beim Ausatmen durch den Mund, das sich wie ein langer Windstoß anhört, werden Kopf, Oberkörper und Arme nach unten geführt bis die Fingerspitzen fast den Boden berühren. Auch der Kopf hängt möglichst locker nach unten. So kann das Wäschestück einen Moment vor und zurück im Wind pendeln. Dann geht's mit dem Einatmen wieder nach Oben. Die Arme und der Oberkörper können auch an einer Seite mit dem Einatmen hoch schwingen, die Arme werden dann über die Senkrechte weiter zur anderen Seite geführt und mit dem Ausamten nach seitlich vorne herunter geschwungen, die kleine Pendelbewegung erfolgt dann von rechts nach links und umgekehrt.

Atmen wie ein Farnblatt
Das Bild dieser Atembewegungsübung ist dem frischen Farnblatt entlehnt, das eingerollt ist und sich dann langsam ausrollend nach oben streckt, wenn es wächst.
Jeder einzelne kniet im Fersensitz am Boden oder auf einer Matte. Beim Einatmen werden die Arme nach vorne und oben gestreckt während man sich gleichzeitig in den Kniestand aufrichtet.
Beim Ausatmen durch den Mund setzt man sich langsam wieder auf die Fersen während der Oberkörper nach vorne gebeugt wird. Der Kopf wird mit dem Stirnrand auf dem Boden abgelegt und die Arme liegen seitlich am Körper, so dass

die Handflächen nach oben zeigend neben den Füßen liegen. Der letzte Atemrest wird am Boden ausgeatmet, dann erfolgt nach einer winzigen Atempause, die Einatmung indem sich der Oberkörper langsam aufrichtet und die Arme nach oben bis in die Senkrechte geführt werden.
In der Ruheposition am Boden können auch Ein- und Ausatmen ohne Bewegung zwischen geschaltet werden.

Dschungelinseln
Die bewusste und verstärkte Ausatmung (gebremst und ungebremst) steht im Fokus. In der Halle sind Matten verteilt. Auf jeder Matte befindet sich ein Symbol, das anzeigt, welche Spezies auf dieser Dschungelinsel ausschließlich lebt:
- Bienen, die summen
- Schlangen, die zischeln
- Tiger, die fauchen und dabei ihre Zähne blecken und mit ihren Pfoten schlagen
- Papageien, die Pfeiftöne machen und dabei mit den Flügeln schlagen
- Holzhacker, die mit gegrätschten Beinen stehen, beide Arme (Hände zusammen) nach oben strecken und während sie „Ha-ho“ rufen pantomimisch ein Stück Holz zerhacken
- Löwen, die ihr Maul weit aufreißen, die Vorderpfoten spreizen und „uah“ schreien ...

Alle Schüler laufen kreuz und quer, ohne die Matten zu berühren, in der Halle herum. Bei Stop (Musikstop) muss sich jeder auf die nächste Insel retten und entsprechend der Vorgabe die dort lebende Spezies lautstark vertreten. Dann erfolgt die nächste Laufrunde usw.
Variation: Bei Stopp sollen diejenigen, die zusammen auf einer Insel gelandet sind, sich in der dort herrschenden Tiersprache und Gestik unterhalten. Dazu wird jedes Mal ein neues Gesprächsthema gerufen: Was ist mein Lieblingsessen, Streit um den besten Platz auf der Insel, Wettervorhersage etc.

Atembild
Hier wird vor allem das lange Ausatmen gefördert. Jeder geht in seinem angenehmen Rhythmus und Tempo durch den Raum und nimmt dabei seine Ein- und Ausatmung wahr. ____
Stell dir nun eine Farbe für deinen Atem vor. Du kannst damit immer, wenn du ausatmest den Boden anmalen, immer mal wieder einen Strich oder einen Bogen ____ Nun hältst du an und suchst dir einen freien Platz; dort kannst du mit deinem Atem ein Bild auf den Boden malen, schick beim Ausatmen die Farben auf den Boden. ____ Gefällt dir dein Bild? Jetzt kannst du die Halle noch mal verschönern, indem du dir einen Platz an der Wand suchst und dort ein kleines Bild malst. Oder möchtest du lieber durch die Halle rennen und überall farbige Pustekleckse hinsetzen?

Der Tiger zeigt seine Krallen

- **Intention:** Über die Tigerhaltung und -bewegung eigene Kraft und Sicherheit spüren
- **Bezug zu weiteren Förderbereichen:** Kinästhetische Wahrnehmung
- **Arbeitsform:** Gesamtgruppe, Einzeln

Alle Schüler sind Tiger, die durch den Raum schleichen und ihre Krallen zeigen. Zur Einführung kann dazu jeder erst einmal selbst seine Bewegungen erfinden, bevor der Ablauf der gemeinsamen Bewegung, die jeden seine eigene Tigerkraft und Bewegungssicherheit spüren lassen soll, geübt wird.
Ausgangsposition ist der aufrechte Stand mit leicht gebeugten Knien und locker hängenden Armen. Der Kopf bleibt immer nach vorn geradeaus gerichtet. Nun werden die Unterarme langsam nah am Körper nach oben geführt bis die Hände (geformt wie Tigerpranken) auf Brusthöhe nach vorne zeigen. So wird ein bisschen mehr in leichte Hockstellung gegangen, mit der Vorstellung sich wie eine Raubkatze anzuschleichen. Nun wird ein langsamer vorsichtiger Schritt nach vorne gemacht. Die Ferse setzt zuerst auf und in dem Moment, in dem der vordere Fuß ganz auf dem Boden abgerollt wird und das Gewicht übernimmt, schnellen die Arme mit gespreizten Fingern gestreckt nach vorne. Gleichzeitig streckt sich das hintere Bein und dieser Fuß berührt nur noch mit den Zehen den Boden. Bei diesem Vorstoß zur Beute hin sollte der Tiger ausatmend laut fauchen und kann auch die Zähne zeigen. Diese Stellung wird einen Moment gehalten, bevor der Tiger sich langsam wieder aufrichtet und dabei das hintere Bein nach vorne zieht und die Arme und Hände wieder an die Brust zurückgezogen werden.
So ist die Ausgangsstellung für den nächsten Tigerschritt mit dem anderen Bein nach vorne wieder erreicht. Das Vorstrecken der Arme ist eine blitzschnelle Tigerbewegung, alles andere geschieht langsam, ruhig und wachsam. Die umhergehenden Tiger haben eine imaginäre Beute vor Augen, sie können ihre Stoßrichtung aber auch zu einem Rivalen hinlenken.

Tigerkreis: Alle Tiger stehen in einem großen Kreis und bewegen sich langsam und gleichmäßig gemeinsam auf die Mitte zu. Die Kraft aller Tiger kommt hierbei zusammen und ist für alle spürbar.

Wachsender Baum

- **Intention:** Zentrierung und Konzentration, Gleichgewicht und Haltung des eigenen Körpers in Bezug zum Anderen herstellen
- **Bezug zu weiteren Förderbereichen:** Sozialerfahrung
- **Arbeitsform:** Partner

Die Mitspieler finden sich paarweise zusammen. Die Partner setzen sich einander gegenüber auf den Boden, so dass sich die Füße berühren. Sie halten sich an den Händen fest und versuchen, durch Gewichtsverlagerung nach hinten, aufzustehen und einen Baum mit gleicher Wurzel darzustellen. Dieser Baum schwingt im Wind hin und her und bleibt dabei fest mit dem Boden verwurzelt

Variationen:

- mit geschlossenen Augen
- dem Baum wachsen Äste, so dass man nur noch mit einer Hand mit dem Partner verbunden ist

Einzel- und Partnerbaum

- **Intention:** Zentrierung über die Haltung des eigenen Körpers herstellen und erfahren
- **Arbeitsform:** Einzeln oder Partner

Jeder Schüler stellt sich hüftbreit auf und verlagert sein Gewicht auf ein Bein (Standbein). Mit Hilfe der Ausatmung und der Vorstellungskraft werden Wurzeln zur Stabilität in den Boden geschickt, außerdem wächst der Baum, er bekommt Äste und weht im Wind: Der Fuß des Nicht- Standbeins wird an den Unterschenkel des Standbeins gestellt, die Arme werden ausgebreitet (Laubbaum) oder auch über dem Kopf im Dreieck zusammengeführt (Tanne). Der Blick ist geradeaus auf einen entfernten Punkt gerichtet. So steht der Baum eine Weile bis er seine Zweige wieder langsam absenkt und gleichzeitig der Stamm wieder verdoppelt wird.

Variation:

Zwei oder mehr eng aneinander gepflanzte Bäume verwachsen sich zu einem indem die ausgebreiteten Äste sich miteinander verbinden und schwanken im Wind (zunächst jeder mit beiden Beinen als Stamm auf der Erde, später einbeinig).

Fantasievögel

- **Intention:** Die Streckung des Körpers in verschiedenen Positionen variieren
- **Arbeitsform:** Partner

Zwei Kinder stehen sich jeweils als Vögel einander gegenüber. Aus der Grundstellung (aufrechte Haltung, Knie locker, Füße parallel hüftbreit am Boden, Arme hängend) wird die Fantasievogel – Position eingenommen: dazu heben sich die Ferse und der Mittelfuß beider Füße vom Boden bis der Stand auf Zehen und Ballen erreicht ist. Gleichzeitig werden die Arme seitlich hoch geschwungen und gestreckt. Wie lange können die identischen Fantasievögel so stehen?
Nach dem Absenken wieder auf den ganzen Fuß, überlegt sich dein Partner einen neuen Vogel. Die Veränderung erfolgt immer mit der Streckung der Arme die als Flügel z. B. bis Hoch über den Kopf gestreckt werden können, oder in der Diagonale ein Flügel hoch der andere nach unten zeigt. Auch können beide Flügel nach hinten gestreckt werden wobei der Oberkörper leicht nach vorne gebeugt wird. Verschiedenste Variationen sind möglich, gleich bleibt dabei immer, dass die Beine gestreckt im Zehenstand sind. Immer abwechselnd denken sich die Partner Fantasievögel aus.
Als Fangspiel: **Achtung Adler**
Ein Kind als Fänger (oder auch zwei bis drei Kinder) ist der Adler. Wer angetickt wurde, muss stehen bleiben und eine Fantasievogelhaltung einnehmen. Er kann erlöst werden, indem ein anderer Vogel identisch ihm gegenüber die gleiche Stellung einnimmt.

Partnerbrücken

- **Intention:** Konzentration auf die Brückenposition, Stützkraft der Arme, Streckung und Beugung der Hüfte sowie die Wirbelsäule in der Rückbeugung wahrnehmen
- **Arbeitsform:** Partner

Partner A sitzt im Fersensitz. Er führt die Arme zurück und setzt die Hände (Fingerspitzen nach hinten zeigend) ein Stück von den Füßen entfernt auf den Boden. Der Po wird so hoch wie möglich gehoben, so dass jetzt der Brückenbogen gebildet wird. Nun kann der Partner unter der Brücke hindurch kriechen. Die Partner verabreden vorher wie oft (ein bis dreimal) der Partner hindurchkrabbeln soll. Die Brückenstellung soll langsam wieder aufgelöst werden, bevor der Rollenwechsel stattfindet. Vereinfachend kann die Brücke auch zunächst aus dem Sitzen mit angehockten Beinen eingenommen werden, sodass eine Brücke auf vier Pfeilern entsteht.
Die Brücke kann auch aus der Rückenlage gebildet werden. Die Füße sind dabei aufgestellt, die Knie zeigen nach oben. Dann wird die Hüfte angehoben, sodass das Gewicht sich nur noch auf die Schultern und Füße verteilt. Diese Form eignet sich gut zum Spiel „Klappbrücke“: Der Partner rollt einen Softball aus etwas Entfernung unter der Brücke durch. Die muss versuchen, im richtigen Moment „zusammenzuklappen“ indem sie die Hüfte auf den Ball „fallen“ lässt und ihn so fängt.

Kranichschreiten

- **Intention:** Sicherheit, Ruhe und Konzentration in der Kranichhaltung und -fortbewegung erfahren
- **Bezug zu weiteren Förderbereichen:** Kinästhetische und vestibuläre Wahrnehmung
- **Arbeitsform:** Einzeln

Begonnen wird mit ruhigem lockeren Stand (die Knie sind nicht durchgedrückt). Das Gewicht wird dann langsam auf ein Bein, z. B. das rechte verlagert, bis ein Gefühl des sicheren Stehens auf dem einen und Leichtigkeit im anderen Bein erreicht ist. Nun kann der Kranich seine Schreitbewegung beginnen: Während beide Arme sich als Flügel langsam seitlich bis in die Waagerechte heben, wird auch das linke Bein angehoben (die Fußspitze hängt locker nach unten) und ein kleiner Schritt nach vorne gemacht. Der linke Fuß setzt dabei nicht wie üblich mit der Ferse auf, sondern zuerst berühren die Zehen den Boden und der Fuß

wird langsam über den Fußballen nach hinten zur Ferse abgerollt. Danach wird das Gewicht in das linke Bein verlagert und der nächste Schritt nach vorne mit dem rechten Bein kann beginnen.
Beim Schreiten soll das Knie jeweils so hoch gehoben werden, dass der Oberschenkel fast waagerecht ist, die Schrittlänge ist kurz. Beim Senken des Schreitbeines sinken die Flügelarme entspannt nach unten. Beim seitlichen Heben der Arme sind die Handgelenke ganz locker, die Fingerspitzen zeigen nach unten. Wenn die Flügel wieder sinken, richten sich die Hände im Gelenk locker auf, so dass die Finger nach oben zeigen.
Das Auf und Ab des Flügelschlagens erfolgt mühelos und elegant wie beim Kranich. Wenn jedes Kind seinen ruhigen Schrittrhythmus gefunden hat, können **Kranichschwärme** von zwei bis vier Kindern gebildet werden, die hintereinander im gemeinsamen Rhythmus gehen.
Gruppenspielform im Kreis: Alle Kinder sitzen in einem großen Kreis (evtl. auf durch Teppichfliesen markierten Plätzen). Ein Kind beginnt als Kranich die imaginäre oder auch markierte Kreislinie ab zu schreiten. Durch Kranichkopfnicken bedeutet es einem sitzenden Kind ihm zu folgen. So lange bis alle Kinder als Kraniche im Kreis gehen, dann setzen sich das erste Kind und nach und nach die folgenden Kinder auf einen Platz im Kreis bis zum Schluss alle wieder sitzen.

5.3 Unterrichtsbeispiele zum Körperschema

5.3.1 Unterrichtsbeispiel zu Grundlagen des Körperschemas

- **Thema:** Grundlagen des Körperschemas
- **Intention:** Differenziertes Einsetzen und bewusstes Spüren verschiedener Körperteile

Einstieg: Alle Kinder erhalten einen **Luftballon** und **experimentieren** damit allein oder gemeinsam in Bewegung

Einführung in das Thema:

- Aufgabe: Jeder probiert aus, mit welchen Körperteilen außer den Händen er es schafft, den Ballon in der Luft zu halten. Abwechselnd Hand und dann wieder einen anderen Körperteil
- Geht das auch in der Fortbewegung?
- Den Ballon hochticken und sich dann so auf den Boden setzen oder legen, dass er genau auf einem vorher überlegten Körperteil landet

I Arbeiten am Thema:

1. Gruppenspiel: Ballons in Bewegung (S. 117)

In Kleingruppen (Kreisaufstellung) müssen ein bis zwei Ballons permanent in der Luft gehalten werden.

- Alle Körperteile dürfen/müssen eingesetzt werden
- Einzusetzende Körperteile werden gerufen
- Die Hände dürfen nicht mehr eingesetzt werden
- Alle Hochticker, die nicht mit der Hand erfolgen, zählen einen Punkt
- Die Gruppe muss versuchen, die Ballons ohne Bodenberührung von Matte A zu Matte B zu ticken, nur jeder zweite Ticker darf mit der Hand sein
- Das gleiche aus der Sitzposition

Reflexion: Welche Körperteile kamen zum Einsatz?

2. Partnerspiel: Klebeball (S. 120)

Hier wird die Aufmerksamkeit auf weitere Körperteile, die vorher weniger zum Einsatz kamen (Hals, Rücken, Stirn, Bauch) gelenkt. Die Paare bewegen sich miteinander verbunden fort, indem Partner B seinen Ballon an immer wieder andere Körperstellen von A klebt. Zunächst im freien Ausprobieren, dann auf schnell wechselnden Zuruf der Lehrerin. Rollenwechsel: B führt die Fortbewegung an, A folgt klebend.

II Erweiterung: Langbänke überwinden

- **Intention:** Den Körper ganzheitlich mit der Aufmerksamkeit auf jeweils unterschiedliche Körperteile im Widerstand zum Untergrund wahrnehmen.

Zwei Langbänke hintereinander werden als eine Bahn aufgestellt. Es gibt mehrere Bahnen, so dass möglichst viele Kinder gleichzeitig aktiv sind.

Aufgabe:

1. Die verschiedensten Möglichkeiten ausprobieren, wie man sich über die Bahn fortbewegen kann(auf dem Bauch, auf dem Rücken ...).
2. Jeder probiert verschiedene Möglichkeiten aus, über die Bank zu kommen, indem immer ein Körperteil eine Teppichfliese als Rutschunterlage hat.
3. Eine oder zwei Ideen der Fortbewegung mit einer Fliese werden für einen **Wettkampf** von zwei bis drei Gruppen gegeneinander ausgewählt.

Abschluss: Spüren des Körpers in Ruhe

Alle Kinder liegen parallel in Bauchlage nebeneinander, Kopf auf den verschränkten Armen. Die Lehrerin rollt einen großen Pezziball auf dieser „Bahn" hin und her, mal mehr mal weniger Druck ausübend.

Falls das Bewegungsbedürfnis noch größer ist, wird als Abschluss die Variation Klebeball-Fangen (S. 121) mit den Luftballons gespielt.

5.3.2 Unterrichtsbeispiel zu Atmung und Haltung

- **Thema:** Tiere im Dschungel
- **Intention:** Über Atmungs- und Haltungsübungen wird die Aufmerksamkeit auf den eigenen Körper und seine Zentrierung gelenkt. Dabei soll die bewusste Körper- und Selbstwahrnehmung sowohl zur motorischen als auch zur psychischen Selbstsicherheit beitragen

Einstieg: Schamanenzauber

Dieses Fangspiel dient als warming-up und Hinführung zum Thema.

Zwei Kinder als Schamanen des Dschungels sind Fänger. Berühren sie mit ihrem Tuch ein anderes Kind, so ist dieses verzaubert. Der Schamane ruft dabei den Namen eines von drei möglichen Tieren, in die er die anderen verzaubern kann: Löwe, Tiger oder Papagei. Wer verzaubert ist, läuft mit entsprechenden Tierbewegungen und -geräuschen weiter und hat die Möglichkeit, erlöst zu werden, wenn er ein gleiches Tier trifft. So kann die Aufhebung des Zaubers erfolgen: Zwei Löwen müssen laut „Uaah" brüllend aufeinander zu laufen, zwei Papageien müssen pfeifend einander umkreisen, zwei Tiger müssen sich Tatzen schlagend und fauchend einmal berühren. Nach einer Minute ist Stopp und es wird geschaut, wie viele Personen gerade verzaubert sind. Dann können zwei neue Schamanen ihre Kunst versuchen.

Arbeiten am Thema: 1. Dschungelinseln (S. 152) In diesem Spiel wird die Ausatmung durch den Mund bewusst gemacht und variiert durchgeführt. Diese Erfahrungen bilden die Grundlage für entspannendes, langes Ausatmen bei Haltungs- und Zentrierungsübungen.

Die Themen für die Tierunterhaltungen auf den Dschungelinseln sollten dem Thema angepasst sein: „Gestern ist der Elefantenleitbulle gestorben", „Wir wollen einen Tierchor gründen", „Was schmeckt im Dschungel am leckersten?"

2. Der Tiger zeigt seine Krallen (S. 153)
Das Erleben und Durchführen dieses Bewegungsablaufs führt nach einigem Üben zum Spüren der eigenen Kraft und Sicherheit.

– Tigerkreis: Die Konzentration auf die eigene Bewegung wird hier noch auf die Gruppe erweitert. Der Tigerkreis lässt die Gemeinsamkeit der Gruppe spüren. Je nach Gesamtgruppengröße kann der Tigerkreis zunächst in kleinen Gruppen durchgeführt werden.

Reflexion der Tigerbewegung

3. Dschungelbaum (siehe Einzel- und Partnerbaum S. 154)
Die Haltung der Baumposition wird eingeübt, wobei die Ausatmung betont wird, um mit der Vorstellung von tiefen Wurzeln eine gute Stabilität und Zentrierung zu erreichen. Das Wachsen aller „Dschungelbäume" wird verbal angeleitet und gleichzeitig durch die Lehrerin vorgemacht. Der Dschungel wächst so gemeinsam.

Reflexion der Baumhaltung

Abschluss
Dschungelregen eignet sich als ruhiger Abschluss. Jedes Kind darf einmal den Regen genießen, indem es mit geschlossenen Augen durch die in Gassenform stehenden Dschungelbäume geht, von denen die Regentropfen herabfallen. Die Mitschüler klopfen mit den Fingerkuppen auf Kopf, Schulter und Rücken des hindurchgehenden Kindes.

6. Körper- und Sinnes-Erfahrungen in Umgebung und Natur

Psychomotorik/Sportunterricht findet in der Regel in geschlossenen Bewegungsräumen und Sporthallen statt. Die Möglichkeiten, die Umgebung und Natur für psychomotorisch orientierte Inhalte bieten, sind bisher wenig in den Blickpunkt genommen worden.

Unstrukturierte naturnahe Bewegungsräume werden heute von Kindern wenig genutzt. Normierte (teilweise kommerzialisierte) Bewegungsräume bieten eine Alternative, tragen aber möglicherweise auch dazu bei, dass Natur als Lebensraum und potentieller Bewegungsraum weniger wahrgenommen wird. Umgebung und Natur sind Teil unseres Lebensraumes, und Handlungskompetenzen in diesem Bereich sind gefordert; so taucht dieses Feld auch für das Fach Sport in etlichen Bundesländern als pädagogisches Anliegen im Lehrplan auf und es finden sich Ziele wie beispielsweise „Natur entdecken und erleben", „Erfahren von Gelände, Schulumfeld und Natur mit allen Sinnen", „die Mitwelt als Erfahrungs- und Bewegungsraum erleben und verantwortlichen Umgang mit der Natur lernen" und „Unterschiedlichkeiten in Natur und Mitwelt wahrnehmen".

Umgebung und Natur als psychomotorisches Erfahrungs- und Handlungsfeld bedeutet, auf spielerische Weise mit Natur und Umwelt in Kontakt zu kommen. Psychomotorische Aktivitäten im Freien ermöglichen intensive authentische Erfahrungen im Wahrnehmungs- und Bewegungsbereich: Bei entsprechender Aufmerksamkeitsrichtung werden Dinge gefühlt, gerochen, gehört, motorisch erfahren, kreativ verändert etc., so dass zum einen der Zugang und das Interesse für diesen Bereich gelegt werden kann, zum anderen die eigenen psychomotorischen Kompetenzen erweitert werden. Zudem gibt es draußen wesentlich weniger Genormtes genau Vorhersehbares als in der Turnhalle oder dem Psychomotorikraum; man muss sich viel mehr auf Entdeckung, Überraschung und ständige Veränderung einstellen; allein die Witterung zum Beispiel verändert das Schulgelände. Auf einem Baumstamm und Steinen zu balancieren ist etwas anderes als auf Turnbänken, und das Gehen auf Stein-, Moos-, Erd- und Laubgrund quer durchs Gelände bietet allein an sensorischer Integration und sozialer Interaktion ein mehrfaches von dem, was ein Bewegen auf unterschiedlichen, mit Matten etc. hergestellten Untergründen in der Sporthalle ermöglicht.

Einstellen auf Veränderungen ist im Alltag immer wieder erforderlich, ohne dass es uns oft bewusst ist, weil wir die nötigen Anpassungs- und Veränderungsleistungen ohne Mühe erbringen. Wenn es windig ist, setzen wir uns eben eine Mütze auf und wenn die Strasse wegen Bauarbeiten gesperrt ist, fahren wir eine andere Strecke ... Kindern mit psychomotorischen Entwicklungsproblemen fehlt oft diese Flexibilität und sie können entsprechende Situationen nicht meistern. Hier bietet Natur und Umwelt mit den ständigen leichten Veränderungen ein erweitertes Psychomotorisches Handlungsfeld mit vielfältigen nuancenreichen Bewegungs- und Wahrnehmungserfahrungen, die Flexibilität fördern.

Die aufgeführten Spiele zeigen, wie vielfältig der Bewegungsraum Umgebung und Natur als psychomotorisches Erfahrungsfeld genutzt werden kann. Alle Inhalte bieten intensive und draußen eben sehr ganzheitliche und immer wieder unterschiedliche Erfahrungen zu Förderbereichen wie Raumorientierung, Sozialerfahrung, visuelle, vestibuläre , taktile Wahrnehmung und weitere. Die Inhalte sind so gewählt, dass sie im Prinzip im Außenbereich jeder Schule durchgeführt werden können.

6.1 Spiele zu Körper-und Sinneserfahrungen in Umgebung und Natur

Rituale in der Begegnung mit und in der Natur

Diese Rituale schaffen einen Rahmen und eine Ausrichtung um die angestrebten (Natur-) Erfahrungen möglich zu machen:

- Sie sollen einstimmen und öffnen für die bewusste Wahrnehmung des Lebens an den jeweiligen Orten
- Sie bieten Sicherheit, Struktur und Vertrautheit durch einen immer wiederkehrenden Ablauf.

Begrüßungsritual Baum

- **Intention:** Ankommen durch ruhiges erkundendes Wahrnehmen eines individuellen Baumes
- **Arbeitsform:** Einzeln

Jedes Kind sucht sich einen Baum. „Gehe einmal um deinen Baum herum. Dabei kannst du den Baum von allen Seiten anschauen und bestaunen wie schön und besonders er ist. Dann begrüße ihn indem du deine Stirn an ihn legst. Du kannst ihn, wenn du willst, umarmen und lauschen was du von ihm hören kannst.“ –

Begrüßungsritual „Mutter Erde“

- **Intention:** Mit allen Sinnen Kontakt zur Umgebung aufnehmen und ankommen
- **Arbeitsform:** Einzeln im Kreis

Alle Kinder sitzen im Kreis mit genügend Abstand voneinander. Beide Hände werden flach auf den Boden gelegt, danach schließen Alle die Augen. Spüre den Untergrund unter deinen Händen, was alles kannst du fühlen? Lass das Gewicht deiner Hände in den Boden sinken und nimm Kontakt mit der Erde unter dir auf. Die Erde ist lebendig, in ihr fließen viele verschiedene Energieströme, es gibt Nährstoffe für alle auf ihr lebenden Wesen, es gibt Wärme in der Erde und vieles mehr. Spüre etwas von der Lebenskraft der Erde unter deinen Händen, wie die Bäume und Pflanzen kannst du diese Energie in dir aufnehmen. Du kannst auch etwas, was du loswerden willst, abgeben, die Erde vermag es aufzunehmen, es wird aufgelöst und etwas Neues kann entstehen. - - - -
(Zeit zur Umsetzung geben)
Nun lass deine Nase alle Erd- und andere Gerüche hier an diesem Ort riechen. - - - -
Lass deine Ohren alle Töne und Geräusche dieses Ortes hören. - - - -
Und nun öffne deine Augen und begrüße damit alles was du ringsherum sehen kannst. - - - -
Langsam löst du nun deine Hände von der Erde.

Begrüßungsritual eigener Platz

- **Intention:** Ankommen über den Kontakt mit kleinen Naturobjekten aus der Umgebung
- **Arbeitsform:** Einzeln im Kreis

Jedes Kind sucht sich in der Umgebung einen Gegenstand (Stein, Blatt, Stock, Schneckenhaus o. ä.), der ihm gefällt und mit dem es seinen Platz im Kreis markieren möchte. Wenn alle im Kreis sitzen, betrachtet, befühlt und beriecht jeder noch einmal sein Objekt und gibt es dann an seinen Nachbarn zur Begrüßung weiter. So werden verschiedene Objekte dieses Ortes begrüßt, bis jeder wieder sein Eigenes hat und an seinen Platz legen kann. Später, zum Abschied, kann jeder seinen Gegenstand wieder an die Fundstelle oder an eine selbst gewählte Stelle platzieren.

Begrüßungsritual Himmelsrichtungen

- **Intention:** Ankommen, Einstimmen über eine Bewegungsmeditation
- **Arbeitsform:** Einzeln im Kreis

Dieses Begrüßungsritual stammt von nordamerikanischen Indianern, die wie ein Adler den Himmel begrüßen. Es handelt sich um eine Bewegungsfolge mit meditativem Charakter, die sich in alle vier Himmelsrichtungen wiederholt und gemeinsam im Kreis ausgeführt wird.
Ausgangsposition: Stand mit angewinkelten Armen, Handflächen aneinander in Brusthöhe.
Während ein Ausfallschritt in Richtung Osten gemacht wird, werden beide Arme langsam parallel waagerecht nach vorne gestreckt, so als ob die Handflächen etwas von sich weg schieben. Das Gewicht verlagert sich auf das vordere Bein. Dabei wird gesagt: „Wir begrüßen den Osten".
Nun werden die Hände zurück auf Brusthöhe vor den Körper gebracht und gleichzeitig das hintere Bein parallel zum Vorderen herangezogen.
Stand mit angewinkelten Armen, Handflächen aneinander in Brusthöhe.
Nun schwingt der Adler langsam seine Flügel aus: Der rechte Arm und das rechte Bein beschreiben einen Kreisbogen nach rechts, der rechte Fuß setzt dann ein Stück rechts entfernt von seinem Ausgangspunkt wieder auf.
Nun schwingt der linke Flügel (linkes Bein und linker Arm) auf gleiche Weise zur linken Seite in langsamer Kreisbewegung aus.
Stand in leichter Grätschstellung.
Der Adler beugt nun Knie und Oberkörper, sodass die Hände zur Erde geführt werden und sie Kontakt zur Erde aufnehmen. Die Hände berühren zwischen den Beinen die Erde.

Die Bewegung fließt wieder zurück indem die Hände (Fingerspitzen berühren sich) vor dem Körper senkrecht nach oben geführt werden und sich dann zum Himmel strecken.
Die Erde wird mit dem Himmel verbunden.
Die Hände öffnen sich und die Arme werden zu beiden Seiten im großen Kreisbogen nach unten geführt bis die Handflächen sich wieder vor der Brust treffen.
Nun wird der Süden begrüßt, indem der rechte Fuß auf der Hacke eine Drehung zur rechten Seite macht, dabei dreht sich der Körper nach rechts mit und die Arme strecken sich in die gleiche Richtung (hier nach Süden) wie der rechte Fuß steht. Der linke Fuß zeigt noch nach Osten, wird aber dann neben den rechten Fuß gezogen, während die Arme wieder zur Brust gebeugt werden und so die Ausgangsstellung für das „Flügel ausbreiten“ erreicht ist.
So geht es in langsamen Bewegungen weiter bis alle vier Himmelsrichtungen begrüßt worden sind und immer wieder die Erde mit dem Himmel verbunden worden ist.

Etwas suchen, was da nicht hingehört

- **Intention:** Künstliche Objekte von Naturobjekten unterscheiden
- **Bezug zu weiteren Förderbereichen:** visuelle Wahrnehmung
- **Arbeitsform:** Einzeln, Partner oder Kleingruppen

Es werden Gegenstände, die nicht aus dem Wald stammen (wie zum Beispiel eine Kugelschreiberspitze, ein Schlüssel, ein Streichholz usw.), an verschiedenen Stellen auf den Boden gelegt oder leicht versteckt. Es ist einfacher, wenn sich die Gegenstände deutlich vom Grund unterscheiden wie beispielsweise ein Streichholz auf dem grünen Blatt. Schwieriger wird es, wenn der Gegenstand auf ähnlichem Grund liegt, wie zum Beispiel ein Streichholz zwischen gesplittertem Holz.
Variation: um den Schutzmechanismus der Tarnfarben erfahrbar zu machen, können auch unnatürliche Dinge mit grellen und mit natürlichen Farben auf einem Weg oder versteckt gelegt werden. Die Kinder sollen nun den Weg ablaufen und die grellen Gegenstände und die natürlichen Gegenstände zählen. Wer hat alle oder die meisten Gegenstände gefunden?

100 Tannenzapfen

- **Intention:** Aufmerksamkeitsrichtung auf kleine Naturobjekte und gemeinsames kreatives Gestalten
- **Bezug zu weiteren Förderbereichen:** Sozialerfahrung
- **Arbeitsform:** Gruppe

Es werden 100 Tannenzapfen, Eicheln, Bucheckern o. ä. von den Kindern gesammelt. Daraus wird anschließend ein schönes Muster an einer exponierten Stelle gelegt. Dieses Bild kann im Stillen dem Wald oder irgendwem anders geschenkt werden.

10 verschiedene Geräusche hören

- **Intention:** Aus der eigenen Stille heraus die Vielfalt des Geräusche-Umfeldes wahrnehmen
- **Arbeitsform:** Einzeln im Kreis

Alle schließen die Augen und werden ganz still, um sich aufs Horchen konzentrieren zu können. Jedes Kind hält so lange die Augen geschlossen, bis es 10 Geräusche gehört hat. Jedes Geräusch, welches wahrgenommen wird, kann mit einem ausgestreckten Finger angezeigt und mitgezählt werden bis alle Finger ausgestreckt sind. Anschließend tauschen sich alle über die verschiedenen Geräusche, die sie gehört haben, aus.

Was war das?

- **Intention:** Naturobjekte und Materialien über die Hände erspüren
- **Arbeitsform:** Partner

Es werden Materialien wie Steine, Erdklumpen, Moos, Stock usw. gesammelt und in die Mitte gelegt. Um die Materialien wird ein Innen- und Außenkreis gebildet, so dass sich immer zwei Kinder anschauen. Nun wird ein Material von einem Innenkreiskind gewählt und dem Partner im Außenkreis in die ausgestreckten Hände gelegt. Das Innenkreiskind bewegt das Material auf dem Handrücken hin und her und streicht es einmal an der Wange entlang. Dabei hat das Kind im Außenkreis die Augen geschlossen und die Aufgabe durch passives Spüren herauszufinden, welcher Gegenstand es aus dem Kreis ist. Danach darf das Kind zur Kontrolle den Gegenstand selbst noch einmal in die Hand nehmen.

Kunstwerke finden

- **Intention:** Aufmerksamkeiten auf Besonderheiten, Schönheiten in der Natur richten
- **Bezug zu weiteren Förderbereichen:** visuelle Wahrnehmung, materiale Gestaltung
- **Arbeitsform:** Einzeln

Jedes Kind geht auf die Suche, ein Naturkunstwerk zu finden. Dies kann ein schöner Ausblick, ein Blick auf den Himmel oder die schöne Landschaft sein, eine tolle Baumwurzel oder ein interessant geriffeltes Rindenstück. Die Aufgabe ist nun, diese Stelle oder dieses Naturobjekt zur Geltung zu bringen. D.h. jedes Kind baut für das ausgewählte Kunstwerk einen Rahmen aus Stöcken, Zweigen, Blättern, Rankengirlanden oder ähnlichem, so dass anschließend alle Ausstellungsstücke von allen Kindern auf einem Rundgang angesehen werden können.

Riechmemory

- **Intention:** Unterschiedliche Gerüche aus der Natur wahrnehmen
- **Arbeitsform:** Partner oder Kleingruppe

Es werden Dosen mit Materialien aus dem Wald gefüllt (z. B. Laub, zerriebene Tannennadeln, Holunderblüten). Nun haben die Kinder die Aufgabe, die Gerüche den Materialien an ihrem möglichen Ursprungsort zuzuordnen. Das heißt, sie gehen umher und müssen herausfinden an welcher Stelle, welches Material genauso riecht wie das aus der Dose. Da es ums Erriechen geht, darf in die Dose erst beim Vergleich mit dem gefundenen Geruchsmaterial hineingeschaut werden.

Variation: Jeweils ein Paar sucht in der Natur Blumen oder andere Dinge, die duften. Diese Gegenstände werden immer zweifach gepflückt. Anschließend spielen die Kinder Memory mit den Materialien. Dazu werden einem Kind die Augen verbunden und es muss am Geruch die Duftpaare erkennen.

Welchem Baum gehört das Blatt?

- **Intention:** Verschiedene Blattformen und -farben erkennen
- **Bezug zu weiteren Förderbereichen:** visuelle Wahrnehmung
- **Arbeitsform:** Partner

Paarweise bekommen die Kinder zum Beispiel fünf verschiedene Blätter. Aufgabe ist es, den dazugehörigen Baum oder Busch zu finden und jeweils ein Blatt dort abzupflücken, sodass sie am Schluss fünf gleiche Blattpaare haben.

Anschleichen zum Häuptling

- **Intention:** Achtsamkeit mit allen Sinnen und dem ganzen Körper, Sensorische Integration
- **Bezug zu weiteren Förderbereichen:** Körpererfahrung, auditive Wahrnehmung, kinästhetische Wahrnehmung
- **Arbeitsform:** Gruppen zu ca. 6 Schülern
- **Material:** evtl. Äste und ähnliches zur Untergrundgestaltung

In der Mitte eines Gebiets, mit einem Untergrund, der das Anschleichen erschwert, sitzt der Indianerhäuptling (evtl. an einen Baum gelehnt) und schläft. Im Umkreis von bis zu 10 Metern befinden sich die anderen Indianer. Sie ver-

suchen sich anzuschleichen, ohne vom Häuptling bemerkt zu werden und ihn dann zu berühren, um dadurch selber zum Häuptling zu werden. Der Häuptling horcht und zeigt in die Richtung aus der er Geräusche hört. Derjenige, der die Geräusche verursacht hat, erstarrt und darf nicht weiter gehen oder muss zum Ausgangspunkt zurück.
Für den Häuptling geht es darum, in den Raum zu horchen und die Geräusche aus unterschiedlichen Richtungen wahrzunehmen. Für die anderen Indianer gilt es, sich auf den eigenen Körper zu konzentrieren. Nur wer seine ganze Aufmerksamkeit auf die eigenen Füße und den Körper ausrichtet, kann sich lautlos fortbewegen.
Wenn die Umgebung des Häuptlings zu „einfach" ist, kann man extra noch Geäst, Laub etc. in seinen Umkreis legen, um die Indianer zu perfektem Anschleichen zu bringen.

Raupenwanderung

- **Intention:** Erspüren der Umgebung mit allen Sinnen
- **Bezug zu weiteren Förderbereichen:** Raumorientierung
- **Arbeitsform:** Kleingruppen
- **Material:** evtl. Augenbinden

Es stellen sich drei bis fünf Kinder in Schulterfassung hintereinander. Wenn es möglich ist, können sie barfuss laufen. Nur das vordere Kind hat die Augen geöffnet, alle anderen haben die Augen geschlossen. Das erste Kind führt alle anderen wie eine Raupe „durch die Bäume und über die Wiesen", dabei versucht es einen möglichst interessanten Weg zu wählen, wo etwas zum Fühlen, Riechen, Hören ist. An ausgewählten Stellen kann gestoppt werden und die Raupenteile dürfen konkret schnuppern, tasten oder sogar schmecken. Anschließend sollen die Kinder erraten welchen Weg sie als Raupe gegangen sind.

Baum Aura

- **Intention:** Aufmerksamkeitsausrichtung auf das Spüren
- **Bezug zu weiteren Förderbereichen:** Körpererfahrung
- **Arbeitsform:** Partner
- **Material:** Augenbinden

Die Kinder bilden Paare. Ein Partner hat die Augen geschlossen. Der sehende Partner führt den blinden Partner durch das Gelände. Vier bis fünf Meter vor einem Baum bleibt der sehende Partner stehen und lässt den blinden Partner alleine. Dieser hat die Aufgabe zu erspüren wo der Baum steht und geht langsam dorthin und versucht den Baum zu finden. Der Sehende beobachtet den Blinden und passt auf, dass nichts passiert.

Stöcketurm

- **Intention:** Materiale Erfahrung im Umgang mit Ästen und Stöcken, kreatives Zusammenarbeiten
- **Bezug zu weiteren Förderbereichen:** Auge-Hand-Koordination, Sozialerfahrung
- **Arbeitsform:** Kleingruppe

Die Kinder sammeln in Kleingruppen Stöcke, die anschließend auf ca. 30 cm Länge zerbrochen werden. Daraus wird ein Turm gebaut indem die Stöcke im Viereck oder Dreieck übereinander gebaut und so hoch geschichtet werden bis ein schöner Turm entsteht.
Variation: Phantasietürme oder Gebilde bauen.

10 Eigenschaften

- **Intention:** Naturmaterialien kategorisieren
- **Bezug zu weiteren Förderbereichen:** visuelle, taktile Wahrnehmung
- **Arbeitsform:** Kleingruppe

Die gesamte Gruppe denkt sich zunächst 10 Eigenschaften aus für Dinge, die anschließend von den Kleingruppen gesucht werden müssen zum Beispiel etwas Morsches, Duftendes, Gerades, Rundes, Pieksiges, Biegsames oder Tierzugehöriges wie Schneckenhäuser, Federn, Knochen, oder Früchte von den Bäumen etc.

Natur-Instrumente

- **Intention:** Auditives Erfahren und kreative Handhabung von Naturmaterialien
- **Arbeitsform:** Gruppe

Zwei Gruppen sammeln Dinge aus der Natur und probieren aus, mit welchen Gegenständen man interessante Töne und Geräusche produzieren kann. Anschließend führt Gruppe A den anderen, die mit dem Rücken zu ihr sitzen, verschiedene Geräusche vor und lässt erraten wie sie erzeugt wurden. Danach werden die Rollen gewechselt und Gruppe B spielt vor.
Variation: Es wird ein gemeinsames Konzert veranstaltet, wobei ein Kind Dirigent ist. Eine Gruppe bewegt sich im Waldmenschentanz nach der Waldmusik der anderen Gruppe.

Waldmenschenbild

- **Intention:** Naturverbindungen erfahren und gestalten
- **Bezug zu weiteren Förderbereichen:** Körperschema, Sozialerfahrung
- **Arbeitsform:** Gruppe

Ein Kind legt sich mit gespreizten Armen und Beinen auf den Boden. Die anderen häufen Stöcke, Moos und Blätter, welche vorher oder aktuell gesammelt wurden, um es herum. Wenn das Kind dann aufsteht ist ein schönes Menschenbild entstanden, welches auch für weitere Spiele als Grundlage dienen kann.

Laub- und Ästestaffel

- **Intention:** Spiel- und Materialerfahrungen mit Objekten aus der Natur
- **Bezug zu weiteren Förderbereichen:** Sozialerfahrung, Auge-Hand-Koordination
- **Arbeitsform:** Gruppe

Laubstaffel: Ein Haufen Laub, Blätter oder Heu wird auf ein Tablett gelegt und muss über eine vorgegebene Strecke transportiert werden, ohne dass ein Blatt verloren geht; passiert dies dennoch, muss es wieder eingesammelt werden.
Asttransport: Die Teilnehmer/innen müssen ein Stück dicken Ast zwischen die Knie oder Oberschenkel klemmen und es so eine vorgegebene Strecke, die auch noch Hindernisse beinhalten kann, transportieren.
Astrollen: Die Kinder müssen einen ca. 50 cm langen und ca. 10 cm dicken Ast mit Hilfe eines Stocks über eine vorgegebene Strecke (nicht zu lang) rollen.
Stocktransport: Die Kinder transportieren paarweise zum Beispiel einen Stein, Ast oder ähnliches, indem sie beide an den Enden von zwei Stöcken festhalten, auf dem der Gegenstand liegt.

Streicheleinheiten

- **Intention:** Berührung von Naturmaterial genießen und differenzieren
- **Bezug zu weiteren Förderbereichen:** Sozialerfahrung
- **Arbeitsform:** Partnerarbeit

Jedes Kind sucht sich Naturmaterial (Grashalm, Rinde, Moos, Blätter), mit denen es anschließend seinen Partner an Wangen und Händen streichelt. Der Partner darf die Streicheleinheiten mit geschlossenen Augen genießen und später raten, welches Material verwendet wurde.

Chor der Natur

- **Intention:** Naturgeräusche differenziert wahrnehmen und reproduzieren
- **Bezug zu weiteren Förderbereichen:** Sozialerfahrung
- **Arbeitsform:** Gruppe

Zunächst werden Töne und Geräusche aus der umgebenden Natur erlauscht und gesammelt. Welche weiteren habe ich schon einmal gehört? Wir versuchen die Töne und Geräusche aus der Natur nachzuahmen, zu produzieren: Knackende Äste, raschelndes Laub, Vogelrufe, Wind, Bachgluckern, Mäusehuschen, Froschkonzert, summendes Insekt, hungrige Jungvögel, Spechtklopfen, fallende Äste, Donnergeräusche.

Nun sucht sich jedes Kind ein Naturgeräusch das ihm besonders gefallen hat aus und produziert dieses als Naturmitglied.
Früh morgens: die Natur erwacht und ganz leise beginnen Geräusche und Töne, sie werden lauter und lauter, ebben wieder ab ... abends klingen sie etwas anders.
Die Kinder bilden nun einen Naturchor, der von der Lehrerin oder von einem Kind dirigiert wird, so dass mal diese, mal jene Töne und Geräusche, mal Alle, mal nur eins deutlich zu hören ist. Es kann ein Frage- Antwort- Spiel entstehen, ein Chor-Konzert der Natur.

Natur-Lotto

- **Intention:** Schulung der visuellen Aufmerksamkeit im Naturraum, Unterscheidung und Zuordnung von Naturobjekten
- **Bezug zu weiteren Förderbereichen:** Sozialerfahrung
- **Arbeitsform:** Kreisform, Einzeln oder Kleingruppen
- **Material:** gesammelte Naturobjekte und selbst erstellte Fotos

Zur Herstellung des „Natur-Lotto-Spiels“ werden (wenn möglich von den Schülern) Fotos gemacht, die interessante Naturobjekte an ihrem Fundort in der natürlichen Umgebung zeigen, wie zum Beispiel ein Stück abgebrochene Rinde neben einem Baumstumpf auf dem Waldboden, eine Flussmuschelschale auf einem Stück Flussufer, eine vertrocknete Distel auf einem Wiesenstück. Der mit seiner Fundortumgebung fotografierte Naturgegenstand wird mitgenommen.
Lotto-Spiel: Die Fotos werden zwischen den im Kreis sitzenden Kindern ausgelegt. Die Naturgegenstände befinden sich in einem Sack oder einer Kiste. Ein Kind zieht nun ein Objekt aus dem Sack und hält es hoch. Wer entdeckt zuerst das dazugehörige Foto und zeigt darauf?

Variationen:

- Zur Erschwerung können Naturobjekte, zu denen es kein Fundortfoto gibt oder auch Fotos zu denen es gar kein Objekt gibt, mit dazu genommen werden.
- Die Fotos sind großräumig verteilt. Jedes Kind bekommt ein Objekt und alle begeben sich auf Kommando gleichzeitig im Raum auf die Suche nach dem Fundortfoto ihres Objekts und platzieren es dort.
- Mehrmaliges Neuverteilen der Objekte und Suche/Platzieren: Derjenige, der sein Objekt platziert hat, darf schnell zum Sack laufen und sich einen neuen Naturgegenstand herausholen bis alle Objekte sich auf ihrem passenden Fundortfoto befinden.
- als Gruppenwettspiel, indem jedes Objekt mit Foto zum eigenen Gruppensammelplatz gebracht wird.

Waldläufer-Zeichen

- **Intention:** Orientierung im Gelände über Zeichen, Aufmerksamkeit für Gelände- und Waldläufer-Zeichen und richtige Interpretation
- **Arbeitsform:** Gruppe oder Partner

Zwei bis drei Kinder bekommen als Schatzhüter einen Schatz (Leckeres zum Essen, Glasmurmeln o. ä.) den sie verstecken sollen. Dieser ist für die anderen unbekannt. Ihren Weg zum Versteck müssen sie mit Waldläuferzeichen, die aus Naturmaterialien bestehen, so markieren, dass die anderen darüber zum Zielort finden können. Das Ziel ist durch ein verabredetes Zeichen gekennzeichnet und dort sind im festgelegten Umkreis der Schatz (und zusätzlich oder gemeinsam mit dem Schatz die Schatzhüter) zu suchen. Die Suchgruppe kann gemeinsam oder in kleinen Zeitabständen partnerweise starten.
Waldläufer-Zeichen können beispielsweise sein:

- Abgeknickter Zweig auf der rechten Seite der Laufrichtung
  → d. h. nach rechts weiter laufen
- Abgeknickter Zweig auf der linken Seite der Laufrichtung
  → d. h. nach links weiter laufen
- Steinmännchen (Steinhaufen)
  → d. h. hier geht es weiter
- Steinmännchen (Steinhaufen) mit ein paar weiteren Steinen hinter einander am Boden gelegt in Laufrichtung, oder rechts, oder nach links
  → d. h. in einer dieser Richtungen weiterlaufen
- Kreuz aus Stöcken, Steinen, Blättern o. ä.
  → d. h. Falsch! Hier geht es nicht weiter
- Abgebrochener Zweig auf dem Boden
  → d. h. die bisherige Richtung oder den Weg beibehalten
- Ein Blatt- oder ein Steinkreis mit einem aus Stöcken erstellten U in der Mitte
  → d. h. hier im Umkreis nach Zeichen suchen

Indianer Schule

- **Intention:** Aufmerksamkeit für kleinste Veränderungen im Gelände
- **Bezug zu weiteren Förderbereichen:** räumliche Orientierung
- **Arbeitsform:** Kleingruppe zu vier bis sechs Kindern

Die Indianer üben hinterlassene Spuren zu entdecken: Zwei Kinder haben als Spurenleger die Aufgabe in einem vorher abgeklärten Gebiet, Spuren verschiedenster Art zu legen. Das kann heruntergeklapptes Gras, nachgemachte Spuren eines Tiers auf der Erde, geknickte Äste, ein verlorener Gegenstand, Fußabdrücke, als Sitz zusammengelegte Äste oder Steine etc. sein. Die Spurenleger notieren sich ihre gelegten einzelnen Spuren. 10 bis 15 Minuten später starten auch die Spurensucher und notieren alle gefundenen Spuren. Wenn Alle wieder am Ausgangspunkt sind, wird verglichen und festgestellt, ob alle Spuren gefunden wurden.

Mein Baum

- **Intention:** Hier geht es um die unmittelbare Begegnung mit einem Baum über die taktile und olfaktorische Wahrnehmung: Einen Baum als individuelles Lebewesen wahrnehmen und ihn in Bezug zu sich selbst setzen. Taktile und andere Wahrnehmung mit visueller Vorstellungskraft verbinden.
- **Bezug zu weiteren Förderbereichen:** Visuelle Wahrnehmung, Sozialerfahrung, Körperausdruck
- **Arbeitsform:** Partnerarbeit
- **Material:** Augenbinden

Einem Partner werden die Augen verbunden. Der sehende Partner führt ihn vorsichtig zu einem Baum. Der nicht sehende Partner soll sich mit dem Baum vertraut machen, indem der Sehende ihm dazu Vorschläge/Aufgaben gibt: an der Rinde riechen, den Umfang des Baumes umfassen und schätzen wie dick er ist, den Baumstamm fühlen und die Wange an dem Baum reiben, Aststellen, Moosstellen erfühlen, sich auf die Wurzeln stellen etc.. Wenn sich das Kind mit dem Baum vertraut gemacht hat, wird es von dem Sehenden wieder zum Ausgangspunkt gebracht. Jetzt hat der ehemals blinde Partner die Aufgabe „seinen" Baum sehend wieder zu finden.
Variation: Baumsilhouetten: Die Kinder wählen sich einen Baum oder Strauch, den sie mit ihrem Körper versuchen in seiner Charakteristik darzustellen. Die anderen erraten welcher Baum dargestellt wird. Die Darstellung kann auch durch mehrere Kinder erfolgen.

Geräuschen und Gerüchen auf der Spur

- **Intention:** Aufmerksamkeit auf Geräusche und Gerüche des Umfeldes richten
- **Bezug zu weiteren Förderbereichen:** Räumliche Orientierung
- **Arbeitsform:** Kleingruppen
- **Material:** Papier und Stifte

Die Kinder schleichen auf leisen Sohlen in Kleingruppen durch die Umgebung/Natur und machen sich aufmerksam lauschend auf die Suche nach Geräuschen, die sie dann notieren sollen. Anschließend kommen alle Gruppen wieder zusammen und es folgt ein Austausch über alles Gehörte.
Variation:

- Ebenso können die Kinder auf die Suche gehen, typische Naturgerüche einzusammeln, indem sie stark riechende Gegenstände in zum Beispiel kleinen Filmdosen sammeln.
- Die Kinder können den Schulweg nach Duftspuren untersuchen, indem sie Gerüche, die ihnen auffallen notieren z. B. Tankstelle, Bäcker, Metzger, etc. Anschließend kann in der Gruppe ein Austausch über die verschiedenen „Duftstrecken" stattfinden.

Immer der Schnur nach

- **Intention:** Über die Basis-Sinne die Umgebung erkunden, Sinnesintegration
- **Bezug zu weiteren Förderbereichen:** Körpererfahrung
- **Arbeitsform:** Einzeln
- **Material:** Langes Seil, Schnur oder Wäscheleine

Eine lange Schnur wird von Baum zu Baum, um Büsche, über Äste usw. durch das Gelände/den Wald gespannt. Sie dient als Wegweiser. Die Kinder gehen mit verbundenen oder geschlossenen Augen an der Schnur entlang und achten dabei auf verschiedene Untergründe oder Hindernisse, die über- oder unterwunden werden müssen. Konzentriertes behutsames Bewegen und genaue Anpassung an die eventuell fordernden Umweltbedingungen (Busch unter dem durchgekrochen werden muss, Astgabel, die durchklettert werden muss ...) ist hier angezeigt.
Zusätzlich können vorher Aufgaben erteilt werden, wie zum Beispiel das Finden und Mitbringen von bestimmten Blättern, Rindenmulch oder etwas Stacheligem.
Stellen, an denen man besonders Acht geben muss, können durch eine Wäscheklammer an der Schnur angezeigt werden.

Wald-Kim

- **Intention:** Förderung der visuellen Aufmerksamkeit für alles was die Umgebung an kleinen Objekten bietet
- **Bezug zu weiteren Förderbereichen:** Sozialerfahrung, Gegenstandserfahrung über Gestaltung
- **Arbeitsform:** Kleingruppen
- **Material:** Kleine Naturmaterialien: z. B. Eicheln, Eichenblätter, Stöcke, Tannenzapfen etc.

Den Kindern werden drei bis sieben Gegenstände gezeigt. In Kleingruppen mit ca. drei Kindern haben sie die Aufgabe, diese Gegenstände im Wald zu finden und zum Treffpunkt zu bringen. Eventuell muss eine Gruppe wiederkommen, um

sich die Materialien neu einzuprägen. Hat eine Gruppe sehr schnell die geforderten Objekte gefunden, darf sie mit einer neuen Objektaufgabe noch einmal losziehen.

Variation: Diese Aufgabe kann man auch als Spiel gestalten, indem die Gruppen innerhalb einer vorgegebenen Zeit suchen sollen und als Endprodukt eine Kollage aus den gefundenen Materialien erstellen. Die Gruppe, die die schönste Kollage in der kürzesten Zeit erstellt hat, hat gewonnen oder die Gesamtgruppe erstellt eine Gemeinschaftskollage.

Die Schwierigkeit kann gesteigert werden, wenn man ähnliche Gegenstände vorgibt, wie zum Beispiel ähnlich aussehende Blätter verschiedener Laubbäume.

Fotomemory

- **Intention:** Zuordnung von Detailfotos zu den entsprechenden Umweltgegebenheiten
- **Bezug zu weiteren Förderbereichen:** Visuelle Aufmerksamkeit
- **Arbeitsform:** Partner, Kleingruppen

Die Kinder erhalten Fotos, auf denen Nahaufnahmen/Detailaufnahmen aus dem Wald, wie z. B. Blüten, Blätter, Baumrinde zu sehen sind. Aufgabe ist es, die abgebildeten Gegenstände in einem abgegrenzten Gebiet in Natura wiederzufinden. Die Idee „Fotomemory" gewinnt an Spielcharakter indem die Kinder in Kleingruppen eingeteilt werden und die Gruppe, die die meisten Fotos dem richtigen Ort zugeteilt hat gewinnt.

Variation: Ebenso können z. B. Nahaufnahmen auf dem Schulgelände oder wo anders gemacht werden und die Kinder müssen die passenden Objekte bzw. Stellen dazu finden.

Sandstaffel

- **Intention:** Staffelspiel mit Naturmaterial in der Umgebung, Sensorische Integration
- **Bezug zu weiteren Förderbereichen:** Augen-Hände-Koordination
- **Arbeitsform:** Gruppenwettspiel
- **Material:** Kleine Behälter wie Sandeimer, Blumentopf oder Joghurtbecher, Sand, Kies, Laub oder Erde

Es werden zwei Gruppen gebildet, deren Mitglieder sich jeweils hintereinander als Riege aufstellen. Vor dem ersten Mitspieler jeder Gruppe steht ein kleines Gefäß(Sandeimer, Joghurtbecher). Auf Kommando darf der letzte jeder Gruppe

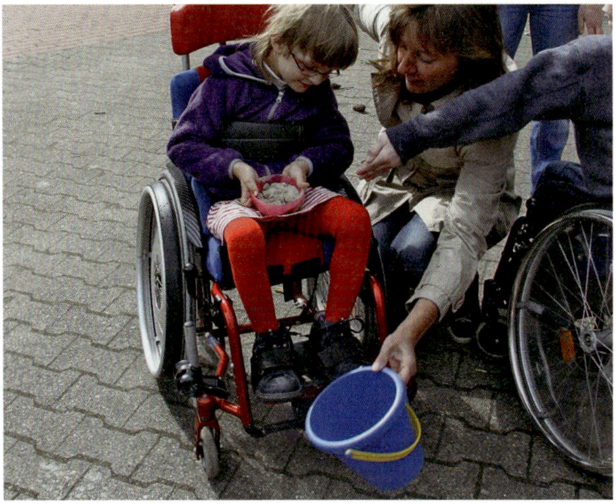

zu einem sich in einiger Entfernung befindlichen Sandhaufen rennen, sich soviel Sand wie möglich in die Hände nehmen und ihn zum Ende seiner Gruppe transportieren. Der Sand wird nun durch die Riege mit möglichst wenig Verlust nach vorne weitergegeben. Der Mitspieler, der ganz vorne steht, bekommt zuletzt den Sand in die Hände geschüttet und hat jetzt die Aufgabe, ihn in das vor ihm befindliche Gefäß zu füllen. Danach rennt er zum Sandhügel und bringt die nächsten zwei Hände voll Sand zum letzten Teilnehmer seiner Gruppe, die ihn wieder über die Hände nach vorne weitergibt, usw.
Gewonnen hat die Gruppe, die nach zwei Durchgängen den meisten Sand im Behälter hat oder die Gruppe, die ihren Behälter zuerst voll hat.
Statt Sand kann auch ein Haufen Kies, Laub oder Erde genommen werden.

Schnüffeltour

- **Intention:** Naturmaterialien durch den Geruch identifizieren
- **Bezug zu weiteren Förderbereichen:** Orientierung im Gelände
- **Arbeitsform:** Partner
- **Material:** Vorbereitete mit Naturmaterialien gefüllte kleine Behälter

Die Kinder tun sich zu Zweit zusammen. Kind A hält seinem Partner einen kleinen Behälter mit einem riechenden Naturinhalt (z. B. Laub, Erde, zerriebene Blätter, Gras, Blüten etc.) unter die Nase, so dass er den Duft mit geschlossenen Augen riechen kann. Dann geht die Schnüffeltour mit geöffneten Augen los. Es gilt, das in der Umgebung zu finden, was genauso riecht.

Barfusspfad

- **Intention:** Taktile Konzentration auf den Untergrund, Sinnesintegration
- **Material:** Unterschiedliches Naturmaterial: Sand, Mulch, Heu, Kiesel, Holzspäne etc.

Ein Weg wird mit Zweigen oder Sand markiert und in ca. 1 Meter lange Abschnitte unterteilt. Jedes Kästchen wird nun mit unterschiedlichem Material belegt. Anschließend können die Kinder barfuss über den Naturteppich gehen und die verschiedenen Untergründe erleben. Die Fortbewegungsart kann auch auf allen Vieren in Bären- oder Krebsgang verlagert werden. Wie ist es mit geschlossenen Augen? Wie, wenn noch etwas transportiert werden muss? Schnelles Laufen, langsames Schleichen, auf Zehenspitzen usw.

Orientierung im Nebel

- **Intention:** Orientierung im Gelände über alle Sinne., Verknüpfung mit dem visuellen Sinn in der Vorstellung
- **Arbeitsform:** Einzeln, Partner
- **Material:** Augenbinde

Die Kinder wandern mit der Spielleiterin bis zum Nebelland (zumutbare Strecke). Dann setzt plötzlich Nebel ein (jeder bekommt die Augen verbunden) und der Rückweg muss angetreten werden. Finde ich alleine oder mit einem Partner zurück zum Start? Woran erinnern wir uns, wie können wir uns orientieren?

Tierstimmen

- **Intention:** Kennenlernen und Imitieren von spezifischen Tierstimmen und Geräuschen
- **Bezug zu weiteren Förderbereichen:** Raumorientierung
- **Arbeitsform:** Partner
- **Material:** CD mit Tiergeräuschen

Von einer CD werden Vogelstimmen und andere Tierstimmen oder Geräusche abgespielt. Alle Kinder versuchen mit der eigenen Stimme oder durch Pfeifen, Schnalzen etc. die einzelnen Tiergeräusche zu imitieren. Welche lassen sich nachmachen, welche gar nicht?
Anschließend gehen die Kinder paarweise zusammen und vereinbaren ein Tier, welches Kind A durch Geräusche/Töne imitieren soll. Kind A versteckt sich in der

Umgebung und Kind B versucht es durch Ortung des Tiergeräusches zu finden. Kind B kann zusätzlich die Augen verbunden haben.

Tennisball-Weitgolfen

- **Intention:** Gelände-Spiel über größeres Umfeld
- **Bezug zu weiteren Förderbereichen:** Raumorientierung, Sozialerfahrung
- **Arbeitsform:** Kleingruppen
- **Material:** Tennisbälle, Stöcke

In einer Gruppe sind drei bis vier Kinder. Jede Gruppe bekommt einen Stock und einen Tennisball. Die Aufgabe ist, den Tennisball mit dem Stock über eine größere Weite zu schlagen. Dabei wechseln sich die Teilnehmer ab. Es wird immer vom Landeort weitergespielt. Es müssen eventuell vorgegebene Hindernisse wie zum Beispiel ein Hügel, ein bestimmter kleiner Busch, ein liegender Baumstamm etc. „überspielt" werden. Ziel ist es, den Ball in einen vorgegebenen Platz zu schlagen wie zum Beispiel ein Astdreieck oder kleine Steinkreise oder ähnliches.

7 Geheimnisse

- **Intention:** Mit allen Sinnen Naturobjekte erkunden
- **Arbeitsform:** Partner

Ein Kind mit verbundenen Augen wird von seinem Partner zu sieben verschiedenen Objekten in der Umgebung geführt, die es durch tasten, riechen, reiben, hören, evtl. sogar schmecken erkunden darf und sich merken muss. Danach versucht das geführte Kind sehend die Objekte wiederzufinden.

Stocktreiben

- **Intention:** Geländespiel mit Naturmaterial
- **Bezug zu weiteren Förderbereichen:** Sozialerfahrung
- **Arbeitsform:** Kleingruppen
- **Material:** Drei Stöcke pro Gruppe

Jede Gruppe, die aus drei Kindern gebildet wird, hat drei ca. 80 cm lange Stöcke, mit denen sie eine vorgegebene Strecke bewältigen muss. Die Aufgaben werden in der Gruppe verteilt. Kind A stellt sich mit dem Rücken zur Zielrichtung und versucht einen Stock so weit wie möglich durch die Beine nach hinten zu werfen, Kind B geht zu der Stelle, wo dieser Stock nun liegt und katapultiert ihn mittels zwei Stöcken weiter, Kind C geht zum Landepunkt und springt von dort aus so weit es kann und legt den Stock dort nieder. Jetzt beginnt die Folge wieder von vorne und Kind A kann wieder beginnen, den Stock Rückwärts zu werfen. Auf diese Weise muss die Gruppe den Stock ins Ziel bekommen.
Welche Gruppe ist zuerst im Ziel? Oder:
Welche Gruppe braucht die wenigsten Aktionen? (Jeder Sprung, Rückwärtswurf, Stockstoß wird gezählt).
Variation: Vier Kinder arbeiten zusammen in festgelegter Reihenfolge, so dass jedes Kind immer wieder mit einer anderen Aktion an der Reihe ist. Oder man gibt den dreier Gruppen vier verschiedene Aktionen vor, um so den Rollenwechsel zu erreichen.

Naturveränderung

- **Intention:** Aufmerksames Beobachten eines kleinen Naturbereichs, visuelle Aufmerksamkeit für kleine Veränderungen in der Umgebung
- **Arbeitsform:** Gruppe im Kreis

Eine Gruppe von ca. sechs Kindern legt einen Ausschnitt aus der Umgebung als Beobachtungsbereich fest, z. B. vier Quadratmeter auf dem Boden, oder „vom kleinen Busch bis vier Meter weiter zur Birke …“ (evtl. durch eine Schnur abgrenzen). Die Kinder haben die Aufgabe diesen Bereich genau zu beobachten. Alle Kinder bis auf eines schließen die Augen. Das sehende Kind darf je nach Absprache ein, zwei oder drei Veränderungen in diesem Naturabschnitt vornehmen (z. B. einen Stein umdrehen, einen Ast abknicken, einen Stock hinzulegen etc.). Auf Kommando dürfen die anderen Kinder die Augen öffnen und versuchen, herauszufinden in welcher Weise die Natur verändert wurde. Danach gibt es einen neuen Naturveränderer.

Intelligente Kamera

- **Intention:** Visuelles Gedächtnis, bildliche Vorstellungskraft und Komposition von Natureindrücken
- **Arbeitsform:** Partner

Die Kinder finden sich zu Paaren zusammen. Ein Kind ist der Fotograf, das andere die intelligente Kamera, die die Linse (Augen) verschlossen hat. Der Fotograf hat eine feste Vorstellung davon wie ein Foto aus der Natur aussehen soll, welches er mit Hilfe der Kamera aus ca. sieben Fotos zusammenstellen will. Zusammen gehen die Beiden durch die Umgebung und immer wenn der Fotograf ein Detail entdeckt, welches auf das Foto soll (z. B. ein bestimmter Himmelausschnitt, ein Schneckenhaus, ein schöner Baum, ein Bach etc.), richtet er die Kamera aus, klickt oben auf den Auslöser, die Linse (Augen) öffnet sich und das Foto wird im Gedächtnis der Kamera verankert. Beide Kinder müssen sich die Fotoausschnitte merken. Wenn ca. sieben Fotos geknipst worden sind, malt die intelligente Kamera aus diesen sieben Fotos ein Panoramafoto, hierbei darf kein Fotoausschnitt vergessen werden. Der Fotograf schaut, ob sein vorgestelltes Bild entsteht.

Das Netz der Riesenspinne

- **Intention:** Intensive Teamarbeit und gegenseitiges Helfen
- **Bezug zu weiteren Förderbereichen:** Körpererfahrung
- **Arbeitsform:** Gruppe
- **Material:** Zauberschnüre, lange Seile o. ä.

Zwischen zwei großen Bäumen wird ein Seil so gespannt wie ein Riesenspinnennetz, so dass große und kleine Lücken entstehen. Die gesamte Gruppe steht auf einer Seite des Netzes. Aufgabe ist, dass die gesamte Gruppe durch das Spinnennetz auf die andere Seite gelangt, ohne das Seil zu berühren. Teamarbeit ist gefragt, denn alleine ist die Aufgabe nicht zu lösen, weil jede Lücke nur einmal benutzt werden darf und man von der anderen Seite aus helfen, aber nicht wieder zurückkehren darf. Die Gruppe hat ihr Ziel erreicht, wenn alle dieses Riesenspinnennetz durchquert haben.
Variation: Aufgabe für das Team: Jeder der Gruppe muss auf einem Seil, das zwischen zwei Bäumen gespannt ist, von Baum zu Baum gelangen.

Winter und Sommer

- **Intention:** Wiedererkennen von Naturgegebenheiten in verschiedenen Jahreszeiten. Visuelles Erkunden eines spezifischen Geländes und Vertraut werden damit.
- **Bezug zu weiteren Förderbereichen:** Raumorientierung, visuelle Wahrnehmung
- **Arbeitsform:** Partner oder Kleingruppe
- **Material:** Fotos

Jedes Paar (oder Kleingruppe) erhält ein Foto, das einen Baum, Strauch, Wiesenabschnitt oder ähnliches aus dem Gelände in einer bestimmten Jahreszeit (z. B. Winter) zeigt. Aufgabe ist es nun, den abgebildeten winterlichen Naturgegenstand oder Ausschnitt im aktuellen z. B. „Sommerkleid" zu finden.
Auf der Rückseite des Fotos können folgende Aufgaben stehen:

1. Findet genau diesen Baum.
2. Von welchem Standort, aus welchem Blickwinkel heraus ist das Foto aufgenommen?
3. Was hat sich durch das „Sommerkleid" verändert, wirkt der Baum anders?
4. Stellt mit eurem Körper allein oder zu zweit die Silhouette eures Baumes a) im Winter, b) im Sommer dar.

Die einfachere Variante wäre, dass aktuelle und abgebildete Jahreszeit identisch sind und genau überlegt werden soll, von welchem Standort bzw. aus welcher Perspektive das Objekt oder der Geländeausschnitt vom Fotografen aufgenommen wurde.

6.2 Unterrichtsbeispiele zu Körper-und Sinneserfahrungen in Umgebung und Natur

6.2.1 Unterrichtsbeispiel Die Umgebung kennenlernen

- **Thema:** Vertraut werden mit einer Naturumgebung
- **Intention:** Über körper- und sinnesintegrative Spielinhalte sollen die Umgebung und einzelne Aspekte davon bewusst wahrgenommen und erfahren werden.

Einstieg: Begrüßungsplatz
Ein passender Platz im Gelände wird als Begrüßungs- und Sammelplatz ausgewählt. Angefasst im Kreis gehen alle zusammen den Kreis ab; dann werden die vier Himmelsrichtungen festgestellt. Alle verteilen sich gleichmäßig auf vier gedachten Linien im Quadrat entsprechend der Himmelsrichtungen. Die Kinder auf der Ost-Linie stehen denen auf der West-Linie gegenüber, genauso Nord und Süd.
Im **Spiel Himmelsrichtungen tauschen** geht es darum, immer wieder Plätze zu tauschen. Bei dem Ruf „Osten-Westen" laufen alle Kinder auf der Ost-Linie zur West-Linie, die Kinder des Westens wechseln hinüber zur Linie des Ostens. Es werden immer zwei Himmelsrichtungen gerufen, die ihre Plätze tauschen müssen. Jeder muss sich also gut die Himmelsrichtungen merken, damit er weiß, zu welcher er gerade gehört. Als Zusatzaufgaben können die Kinder sich auf dem Weg zur anderen Himmelsrichtung untereinander durch Abklatschen begrüßen, es darf nur auf einem Bein gehüpft werden etc.
Arbeiten am Thema
1. Begrüßungsritual eigener Platz (S. 163)
Über das Suchen kleiner Naturobjekte wird die nähere Umgebung bewussst wahrgenommen.Über den Kontakt mit den Materialien, die alle gesammelt haben, wird der Kontakt zum Ort hergestellt.
2. Raupenwanderung (S. 169)
Zunächst einmal erfolgt die Raupenwanderung mit geöffneten Augen bis jeder einmal an jeder Position der Raupe war. So wird das gemeinsame Fortbewegen geübt und die Gegend erst einmal sehend in Augenschein genommen.
Erst beim zweiten Durchgang hat nur der Kopf die Augen geöffnet und das Erspüren wird intensiviert.
3. Versteckfangen paarweise
Die Kinder agieren paarweise. Ein Partner versteckt sich im Gelände, während der andere am Sammelplatz bis 25 zählen muss und dann die Suche starten darf. Wenn er seinen Partner entdeckt und dessen Namen gerufen hat, darf der Gesuchte weglaufen und muss versuchen, die Sammelplatzmitte zu erreichen, bevor er abgeschlagen wird.
Das Gelände wird hier noch einmal individuell wahrgenommen, für die eigenen Spielzwecke eingeschätzt und senso-motorisch genutzt.

Abschluss: Abschieds-Mandala
Die Kinder sitzen im Kreis mit ihrem ausgewählten Naturgegenstand aus dem Begrüßungsritual. Ein Kind steht auf, legt seinen Gegenstand in die Mitte und setzt sich anschließend wieder auf seinen Platz. Dann darf das nächste Kind seinen Gegenstand dazu legen usw. bis alle Kinder an der Reihe waren und eine Art Mandala-Bild in der Mitte entstanden ist.

6.2.2 Unterrichtsbeispiel Spiele im Gelände

- **Thema:** Natur und Umgebung als Spielgrundlage erfahren
- **Intention:** Wahrnehmungs- und Bewegungsspiele in abwechslungsreichem Gelände durchführen und gestalten. Förderung und Integration verschiedener Sinnes- und Bewegungsbereiche.

Einstieg: Schattenlauf im Gelände
Das Gelände wird zunächst zu zweit erkundet, und zwar nach dem Prinzip des Schattenlaufs: Ein Partner läuft, klettert, steigt ... vor, der Partner als Schatten hinterher. Vorgabe: Alle Möglichkeiten des Geländes dürfen und sollen kreativ genutzt werden; wenn möglich soll mehrmals das Bewegungstempo gewechselt werden. Je mehr Möglichkeiten das Gelände bietet, desto intensiver werden einzelne Bewegungs- und Sinnesbereiche und deren Integration angesprochen. Die Anpassung an unebenes Gelände, verschiedene Untergründe und Höhen sprechen die vestibuläre und kinästhetische Wahrnehmung an. Klettern über Balken, Kriechen unter Zweigen, zwischen Büschen hindurchgehen u.ä. fokussieren die taktile und visuelle Wahrnehmung sowie die Raumorientierung noch etwas stärker usw. Durch dauernd wechselnde Anpassungsanforderungen werden alle Bewegungs- und Sinnesbereiche ständig aktiv eingesetzt.
Arbeiten am Thema:
1. Hindernisbahn Gemeinsam wird eine Strecke im Gelände als Hindernisbahn, die von zwei Gruppen parallel bewältigt werden kann, festgelegt. Falls bewegliches Material wie Steine oder am Boden liegende Äste zur Verfügung stehen, kann die Bahn damit auch noch zusätzlich gestaltet werden. Dann kann das Wettrennen zwischen zwei Gruppen losgehen. Wenn der Vordermann das erste Hindernis passiert hat, darf der nächste starten.
2. Anschleichen zum Häuptling (S. 168)
In diesem Spiel wird die Achtsamkeit auf die eigene Bewegung und Wahrnehmung fokussiert. Die Konzentration auf sich selbst bei gleichzeitigem Anpassen an die Umgebung fordert und fördert das gute Zusammenspiel von Bewegung und Wahrnehmung.
Jede 6er-Gruppe sucht sich zunächst ihren „Spielplatz" und gestaltet ihn eventuell noch den Möglichkeiten der Teilnehmer entsprechend um. Der Reiz ist, aus eigenem Gelingen heraus einmal Häuptling zu werden, aber auch diejenigen, die das nicht schaffen, dürfen einmal in diese Rolle schlüpfen.
3. Sieben Geheimnisse (S. 181)

In diesem Spiel sollen alle möglichen Sinne aktiv zur Erkundung eingesetzt werden. Je nach Zeit können die 7 Geheimnisse auch auf 3 reduziert werden.
Abschluss: Seine Geheimnisse (vorausgesetzt, man kann sie in die Hände nehmen) darf jeder mit in den Abschlusskreis bringen. Alle Geheimnisse machen einmal die Runde und werden gehalten, befühlt und berochen.

7. Grundlegende und weiterführende Literatur

Ayres, A.J. (2002). *Bausteine der kindlichen Entwicklung. Die Bedeutung der Integration der Sinne für die Entwicklung des Kindes; Störungen erkennen und verstehen, ganzheitliche Frühförderung und Therapie, praktische Hilfe für Eltern.* (4. Aufl.). Berlin [u. a.]: Springer.

Barth, K. (2003). *Lernschwächen früh erkennen im Vorschul- und Grundschulalter* (4. Aufl.). München; Basel: E. Reinhardt.

Beudels, W. & Anders, W. (2001). *Wo rohe Kräfte sinnvoll walten. Handbuch zum Ringen, Rangeln und Raufen in Pädagogik und Therapie.* Dortmund: Borgmann.

Bracke,J. (2006). *Lernzirkel Sport I. Erlebnisorientiertes Bewegen an Stationen.* 6. Auflage. Kempen: BVK

Döbler, E. & Döbler, H. (2003). *Kleine Spiele. Das Standardwerk für Ausbildung und Praxis* (22. Aufl.). München: Südwest-Verl.

Fikas, S. & Meier-Munding, E. (1996). *Körperbewusstsein und Körpererfahrung in der gestalttherapeutischen Arbeit mit behinderten Menschen.* In: Praxis der Psychomotorik (1)1996.

Fischer, K. (2001). *Einführung in die Psychomotorik.* München [u. a.]: Reinhardt.

Fries, A. & Schall, R. (2002). *Kinderturnen: „Die Geräte lernen uns kennen". 20 kleine Spiele, methodische Reihen, Spiele an und mit Turngeräten* (2. Aufl.). Mülheim-Kärlich: Buchverl. Fries.

Funke-Wieneke, J. (2004). *Bewegungs- und Sportpädagogik* Band 1. Wissenschaftstheoretische Grundlagen – zentrale Ansätze – Entwicklungspädagogische Konzeption. Baltmannsweiler: Schneider.

Funke-Wieneke, J. (o.A). *Die pädagogische Bedeutung der Körpererfahrung im Kindesalter.* In: Die Grundschulzeitschrift. Ästhetische Erziehung I (Sammelband). Friedrich-Verlag, Seelze 18–21 o.J.

Gilsdorf, R. (1995). *Kooperative Abenteuerspiele.* Seelze-Velber: Kallmeyer.

Hartley, L. (1995). *Wisdom of the Body Moving: An Introduction to Body-Mind Centering.* North Atlantic Books.

Hechenberger, A., Michaelis, B. & O´Connell, J. (2001). *Bewegte Spiele für die Gruppe.* Münster: Ökotopia.

Kaltenbrunner, T. (2009). *Contact-Improvisation. Bewegen, sich begegnen und miteinander tanzen ; mit einer Einführung in New Dance* (3. Aufl.). Aachen: Meyer & Meyer.

Kiphard, E.J. (1998). *Motopädagogik. Psychomotorische Entwicklungsförderung* (8. Aufl.). Dortmund: Verlag Modernes Lernen.

Köckenberger, H. (2000). *Emotionen bewegen leibhaftig.* In: Praxis der Psychomotorik (1)2000.

Köckenberger, H. & Balgo, R. (2004). *Psychomotorik. Ansätze und Arbeitsfelder; ein Lehrbuch.* Dortmund: Verlag Modernes Lernen.

Leonhardt, A. (Hrsg.) (2002). *Entspannungsspiele für hörgeschädigte und sprachbehinderte Kinder.* Neuwied: Luchterhand Verlag.

Liebisch, R. & Quante, S. (1999). *Psychomotorik und Salutogenese-Schnittpunkte.* In: Haltung und Bewegung, 19 (1999) 2, 13–20.

Liebrich, K. & Schubert, H. (1993). *Auf den Schwingen der Bewegung und Phantasie. Übungen und Spiele zum Aufbau einer gezielten Lernhaltung in der Grundschulklasse.* Donauwörth: Verlag Ludwig Auer.

Mittermair, F. (2006). *Körpererfahrung und Körperkontakt. Spiele, Übungen und Experimente für Gruppen, Einzelne und Paare.* Salzhausen: Iskopress.

Neuber, N. (2000). *Kreative Bewegungserziehung – Bewegungstheater.* Aachen: Meyer und Meyer.

Nienkerke-Springer, A. & Beudels, W. (2001). *Komm, wir spielen Sprache. Handbuch zur psychomotorischen Förderung von Sprache und Stimme.* Dortmund: Borgmann.

Scherler, K. (1979). *Sensomotorische Entwicklung und materiale Erfahrung. Begründung einer vorschulischen Bewegungs- und Spielerziehung durch Piaget's Theorie kognitiver Entwicklung* (2. Aufl.). Schorndorf: K. Hofmann.

Seewald-J.(2000). *Sportpädagogik und psychomotorische Bewegungserziehung – Zwei Welten oder zwei Seiten?* In: Sportwissenschaft (30) 422 – 442.

Sherborne, V. (1998). *Beziehungsorientierte* Bewegungspädagogik. München [etc.]: Ernst Reinhardt.

Storch, M. (2006). *Embodiment. Die Wechselwirkung von Körper und Psyche verstehen und nutzen.* Bern: Huber.

Vopel, K. (2005). *Interaktionsspiele für Kinder.* Salzhausen: Iskopress.

Welsche, M. (2006). *Sherbornes Beziehungsorientierte Bewegungspädagogik als Baustein der klinisch-bewegungstherapeutischen Arbeit mit Jugendlichen.* In: Praxis der Psychomotorik (4) 225–233.

Zimmer, R. (1999). *Handbuch der Psychomotorik. Theorie und Praxis der psychomotorischen Förderung von Kindern.* Freiburg [u. a.]: Herder.

Zimmer, R. (2001). *Identität und Selbstkonzept – zur Bedeutung von Bewegungserfahrungen für die Persönlichkeitsentwicklung.* In: Zimmer, R. & Hunger, I. (Hrsg.). *Kindheit in Bewegung.* Schorndorf: Hofmann.

8. Spieleindex

9. Materialliste

Empfohlenes Material, das manchmal nicht in der Turnhalle vorhanden ist:

- Augenbinden
- Decken, Laken
- Teppichfliesen
- Holzklötze in verschiedenen Größen
- Verschiedenfarbige Baumwolltücher
- Chiffon-Tücher
- Igelbälle, Overbälle, Ballblasen, Softbälle, Wasserbälle, große orange- und türkisfarbene Pezibälle
- Bierdeckel, Wäscheklammern
- Rollbretter
- Sandsäckchen
- Schaumstoffbausteine (auch als Schaumstücke, Schaumstoffteile u. ä. bezeichnet) in verschiedenen Größen und Farben